Bernhard Kahle

Zur Entwicklung der consonantischen Declination im Germanischen

Bernhard Kahle

Zur Entwicklung der consonantischen Declination im Germanischen

ISBN/EAN: 9783744667357

Hergestellt in Europa, USA, Kanada, Australien, Japan

Cover: Foto ©ninafisch / pixelio.de

Weitere Bücher finden Sie auf **www.hansebooks.com**

ZUR ENTWICKLUNG DER CONSONANTISCHEN DECLINATION IM GERMANISCHEN

VON

DR. BERNHARD KAHLE.

BERLIN
HAUDE- & SPENERSCHE BUCHHANDLUNG
(F. WEIDLING)
1887.

INHALT.

EINLEITUNG.
A. MASCULINA.

I. tōt-
II. tanþ-, tunð-
III. wint(a)r } hauptsächlicher einfluss der u-, i- und o-decl.
IV. naut-
V. mēnōþ-, magaþ- (f.)

B. FEMININA.

VI. hand- — Einfluss der u-decl.
VII. mūs-, gans- — Einfluss auf ā-decl.
VIII. naht-.
IX. breust-, brust.
X. burg-.
XI. Einfluss von VIII–X auf fem. i-decl.
XII. bok-.
XIII. dur-.
XIV. ko-, ku-.
XV. brok-.
XVI. aik-.

C. URSPRUENGL. VOCAL. WORT.

XVII. manu-.

EINLEITUNG.

In Paul und Braunes beitr. VIII 102 ff. sucht Kögel die existenz der nasalis sonans fürs indogerm. zu leugnen. Es kann nicht meine sache sein, an dieser stelle auf den angriff, den die Brugmann'sche theorie erfahren, in ausführlicher weise zu antworten. Dies muss ich berufenerer seite überlassen. Um mir jedoch für die folgende untersuchung den boden zu sichern, kann ich nicht umhin, wenigstens auf einige punkte dieser abhandlung einzugehen.

Kögel setzt durchweg sowohl in stamm- wie in schlusssilben für nasalis sonans $a_1 n$, $a_1 m$ (en, em), und läst die wandlungen dieser lautgruppe in den einzelnen sprachen als folgen der tiefbetonung oder unbetontheit erscheinen. Unter dem hochton bleibt die gruppe unverändert (102). Den vocal, den der acc. sg. von pod in der endung zeigt, hält er für thematisch wie in *voiko-m und stellt die proportion auf *pode :*pod = *voiko :*voike (103). Die meisten wurzeln seien im idg. mehrsilbig gewesen; *pod habe die stufe *podo = *voiko; *voiko die stufe *voik = *pod verloren. Der acc. sg. zeigte also nach Kögels annahme eine stärkere stufe als der nom. sg., der consonantisch auslautete. Nun ist mir aber aus der cons. stammabstufenden decl. kein beispiel bekannt, in dem ähnliches der fall wäre, sondern der acc. sg. zeigt gleiche stufe, wie der nom., man müsste denn den consonantenschwund am ende, wie im nom. sg. skr. mā-tŕ, bhrā-tā, ŕshā, çvŕ etc., für eine schwächere stufe halten, als den acc. sg. mā-tár-am, bhrātar-am, vŕsh-áṇ-am, çvā́n-am. Oder, wenn man wie Collitz in Bezzenb.'s beitr. IX leugnet, dass griech. o in offener silbe gleich skr. ā sei,

B. Kahle, Entwickl. d. cons. decl.   1

würde sich für den acc. sg. oft direct eine schwächere stufe wie für den nom. ergeben. Für die annahme einer stärkeren stufe des acc. sg., als der nom. hat, kann ich somit nichts beweisendes finden. Aus dieser form *pode-m leitet nun Kögel ab: skr. pādam, abaktr. pādhem, lat. pedem, altir. athir, gr. πόδα, und, was für uns zunächst in betracht kommt, germ. *fōtem. Für den skr. abaktr. acc. sg. gibt Osthoff, morph. unters. I, 105 anm. eine vollkommen ausreichende erklärung, indem er das -m als analogiebildung nach der o-decl. auffast vgl. G. Meyer, gr. gr.² § 21. Den acc. pl. *pode-ns = *ekvo-ns lässt Kögel ebenso im germ. zu *fōtens werden. Die weitere entwicklung setzt er dann so an: acc. sg. *fōtem>*fōte>fōt, und zwar sei dies geschehen, bevor „der nasal seine dunkele klangfarbe erhalten" (113), weil sonst *fōtu entstanden sein müste, und das u nicht hätte apokopirt werden können. Der acc. pl. behielt nach den allgemein giltigen gesetzen sein auslautendes s, aus *-ens wurde -uns lautgesetzlich, die form, die im got. vorliegt. Kögel beruft sich bei dieser darstellung auf die von Paul in beitr. IV, 369 gezeigte wirkung des n auf urspr. ô im westgerm. und an., das zu û wird; er übersieht aber dabei, dass in der vokalscala u ein dem o benachbarter laut ist, während bei einer wandlung des e zu u, doch wol der lange weg von e>a>o>u mit seinen zahlreichen zwischenstufen anzunehmen ist. Da aber nach Kögel das n seine dunkle farbe erst in spec. germ. zeit, und zwar nach wirken des cons. auslautsgesetzes erhalten hat, so ist auch diese annahme wol als eine hinfällige zu bezeichnen. Ausserdem steht die „dunkle klangfarbe" fürs germ. doch wol nicht so fest, wie Kögel anzunehmen scheint, denn in den einzelnen dialecten entwickelt sich aus nasalis keineswegs, wie man doch darnach annehmen sollte, ein u oder o, sondern wie z. b. das ahd. und ags. zeigen ein „heller" vokal; vgl. ahd. aram (arm), zaichan, ebano; ags. tácen, beácen, wæpen. Nur für das m wäre die entwickelung eines u zuzugeben wegen seiner labialen beschaffenheit, vgl. ags. máðum „kleinod", ahd. buosum, woneben aber auch buosam; engl. bosom. Auf dieselbe weise läst Kögel die dative plur. got. fōtum, brōþrum, an. monnum, músum etc. entstanden sein. Ueber diese werde ich an anderer stelle handeln.

Schliesslich sei noch erwähnt, dass Kögel die acc. sg. *naht*, *mēnōþ* etc. ebenso als aus **nahtem* etc. entstanden ansieht und gegen Osthoff, morph. unters. I, 227 polemisirt, der dieser übereinstimmung gegenüber die got. acc. sg. *fōtu, tunþu* für ursprüngliche hält.

Darauf ist folgendes zu erwiedern. Nach den aufstellungen von Westphal und Scherer war das germ. auslautsgesetz ein sehr einfaches. Standen in der letzten silbe *a* oder *i*, so wurden sie unterdrückt, *u* blieb. Die behandlung der diphthonge in endsilben übergehen wir hier als für uns nebensächlich. Paul und Sievers in beitr. IV, V, VI zeigten sodann, dass dieses gesetz keine giltigkeit habe fürs westgerm. und an.; sondern nur fürs got. Aber auch hier erheben sich bedenken. Es gewinnt den anschein, dass das *u* auch im got. in gewissen fällen in endsilben ausfällt.

Dem got. *sut-s* entspricht ein skr. *svá-dú-sh*, gr. ἡδύ-ς, also unstreitig -*u*-stämme; ferner got. *tagr* = gr. δάκρυ. Diese beiden beispiele lassen fürs got. auf eine synkope des -*u*- schliessen.

Die ausführungen von Paul nun a. a. o. lassen keinen zweifel, dass nicht das stehen der kurzen vocale in den endsilben an sich, ihre synkopirung bewirken, sondern dass es der mangel an haupttonigkeit ist. Er nimmt satzdoppelformen an, bei den langsilbigen in pausa *bíndù*, sonst *bíndu̇*; bei kurzsilbigen in pausa *gibù*, sonst *gibu̇*, bei kurzsilbigen entstand nur *gibu* bei langsilbigen **bind* und *bindu*.

Die längere form trug hier den sieg davon über die kürzere, gestützt auf die kurzsilbigen. Wenden wir nun dies verfahren aufs got. an, so erhalten wir aus *fótu̇, fōtu; nàtu̇, nahtù,* ebenfalls doppelformen, bei denen dann verschieden ausgeglichen wurde. Ein anderer umstand, der vielleicht von wichtigkeit ist, ist der, dass die mehrzahl der cons. stämme im got., die scheinbar flexionslosen acc. sg. haben, auf urspr. dreisilbige formen hinweisen, wie die verwandtschaftswörter, ferner *hanan*, *mēnōþ, nasjand* etc. Die regel über die apokope des *u* im acc. sg. cons. wörter im got. liesse sich vielleicht also auch so fassen, dass die dreisilbigen wörter auslautendes *u* apokopiren, die zweisilbigen wie *fōtu, tunþu* es erhalten. Scheinbar widersprechen würden dem die acc. *brust, naht, baurg*; jedoch würden sich diese ungezwungen als analogien nach femininen der i-decl. wie *ansts* erklären, die ja auch sonst, wie im dat. pl. *baurgim*, eingewirkt haben. Erwähnung tut Kögel noch, und ich will diesen punkt auch gleich in der einleitung vorweg nehmen, der acc. pl. got. *hanans, mans, nasjands, mēnōþs, nahts, baurgs* und erklärt sie aus *hananes, *mannes etc., sie den ved. acc. plur. *datás, apás, tudatás* etc. gleichsetzend. Er folgt damit einem schon von Osthoff, beitr. III, 37 ff. gegebenen beispiel. Wie ich glaube, hat Brugmann diese theorie widerlegt in Curtius stud. IX, 289, und ich schliesse mich daher seiner ansicht an, dass im got., grade wie so zahlreich in den andern germ. dialecten, die accusativform des plur. durch die nominativform verdrängt sei. Erhalten hat sich die alte auf *-ns* zurückgehende form mit verallgemeinerung der schwachen stammform in dem isolirten got. *auhsnuns*, wofern der vorschlag Kögels in beitr. VIII, 115 das richtige trifft.

Der zweck der folgenden abhandlung nun ist, den lautlichen zusammenfall consonantischer mit vocalischer declination in einzelnen formen und die daraus hervorgehende durchsetzung der cons. decl. mit vocal. einerseits, andrerseits auch den einfluss, den die cons. decl. vereinzelt auf die vocal. ausübte, an einer reihe kleinerer cons. stammklassen zu zeigen. Der grund, weshalb ich mich auf eine auswahl beschränkt habe, ist der, dass andere particen der cons. decl. im germ., wie die *-ndecl.* und die verwandtschaftswörter, schon von andern im zusammenhang behandelt sind und einer neuen untersuchung noch nicht so sehr bedürfen, während, soviel ich weiss, sich noch keine zusammenhängende darstellung der kleineren cons. classen findet, sondern nur hier und da zerstreute bemerkungen über dieselben vorhanden sind, die ich mich bemüht habe, zusammen zu tragen. Geordnet habe ich in folgenden die wörter nach geschlechtern, masc. und fem., — neutrale formen finden sich nur vereinzelt —, weil auf die masc. die *u* und in deren gedie *i* decl., sowie die *o* decl. besonders gewirkt haben, auf die fem. aber die fem. *ā* und *i* decl., während beide wiederum hier von jener beeinflusst wurden.

A. MASCULINA.

I. *fōt-*.

In seiner abhandlung über die flexion der nomina mit dreifacher abstufung in Bezzenb.'s beitr. IX setzt Collitz germ. *fō-tu-s* = skr. *pādú* und erklärt beides für eine idg. oder vielleicht auch einzelsprachliche neubildung vom nom. sg. aus. Die erklärungen Pauls in beitr. VI, 124 und Brugmanns in morph. unters. III, 126, das durchgende *ō* in der flexion des germ. mit dem *ŏ* von skr. *pād*, gr. ποδ́ in einklang zu bringen, hält er für verfehlt; vgl. noch Krėmer, beitr. VIII, 401. Was den ersten punkt, die neubildung *pādú* aus *pād*, anlangt, so sehe ich nicht, wie diese vom nom. sg. oder sonst einem andern casus aus vor sich gehen sollte, wie dies etwa bei dem nom. *pā́das* klar ist, der nach dem acc. *pā́dam* gebildet ist; vgl. Lanman, Noun-Inflection in the Veda pag. 471. Auf ähnliches haben hingewiesen Osthoff -*n* decl. pag. 76, und morph. unters. I, 105 anm.; Brugmann in Curtins stud. IX, 314. Wir müssen vielmehr in *pādúsh* eine ableitung sehen, wozu auch die bedeutungen des Petersb. wtb.'s stimmen: „lauf, eher bahn". Grassmann freilich übersetzt es auch mit „fuss". Hierher zu stellen wäre als fernere ableitung *pāduka* schuh, pantoffel. Ferner: beruhte *fōtus* wirklich schon auf einer idg. neubildung, sollte man da nicht einen vollständigeren sieg der *u*-flexion über die cons. erwarten als er tatsächlich, besonders im an. und ags., vorliegt? Dass das got. das wort scheinbar vollkommen nach der *u*-decl. beugt, ist nicht beweisend, da wie später ersichtlich wird, dieser dialect überhaupt grosse neigung hatte, die cons· stämme in diese decl. überzuleiten. Schliesslich aber operirt doch Collitz in den erwähnten aufsatz selbst so viel mit übertragungen einer stammform in casus, die ursprünglich einer andern gehören, dass nicht einzusehen ist, warum er sich hier gegen die annahme, das ō sei aus dem nom. sg. in die andern casus eingedrungen, sträubt.

Aus diesen gründen halte ich also daran fest, dass der nom. sg. sein ō schon in urgerm. zeit dem ganzen paradigma mitgeteilt, dass alsdann nach dem acc. sg. und pl., vielleicht auch, wovon später, nach dem dat. pl., der nom. sg. die endung -*us* erhalten habe. Einen abkömmling der stammform *pod* hat Kluge gezeigt in beitr. VIII, 336 in ags. *fœt* „schritt". So ist im germ. die alte stammabstufung bis auf diese eine spur geschwunden.

1. Consonantische Formen.

Für das urgerm. können wir demnach als paradigma an setzen:

Singularis.	Pluralis.
n. *fōs*	*fŏt-iz*
g. *fōt-ós*	*fot-óm (-ōm)*
dat. *fŏt-í* (loc.)	*fōt-mi* (intr.)
acc. *fōt--um*	*fōt-uns*

Diesem paradigma nun entsprechen folgende formen im german.

Singularis.

nom. —.

gen. Da nach Paul, beitr. VI, 545 germ. auslautendes *s* nach Verners gesetz behandelt wird und *s* im westgerm. erhalten blieb, *z* fortfiel, so haben wir als entsprechung der urgerm. form *fōtós* solche mit erhaltenem *s* anzusehen, die wie Sievers gezeigt hat, auch den endvocal wahrten. Es sind: ags. *fōtes*, afr. *fōtes*, ahd. *fuazes*, mhd. *fuozes*.

Die qualität des vocales mag, wie Paul a. a. o. 530 vermutet, durch die männliche *o*-decl. beeinflusst sein. Für den an. gen. sg. *nǽtr*, sowie für andere genitive ähnlicher art, werde ich an anderer stelle eine andere erklärung beibringen, als sie Paul hier gibt, indem er ihn den westgerm. genitiven auf -*es* gleichsetzt. Jedoch können diese genetive auch reine analogiebildungen nach *o*-decl. sein.

dat. Dem urgem. dat. *fōt-i entspricht nur die ags. form mit regelrechtem *i*-umlaut nach apokope des *i*, *fēt*. Alle andern dialecte zeigen, wie wir unten sehen werden, neubildungen.

accus. Urgerm. *fōt-um wird im got. zu fōt-u; mit apokope des u im an. zu fōt, ags. fòt, afr. fòt, ahd. fuaz, mhd. fuoz, as. fuot (Ps.).

Pluralis.

Nom. Urgerm. *fōt-iz hat im got. keine entsprechung, dagegen wieder wie der dat. sg. mit i-umlaut, an. fœtr, ags. fēt, afr. fēt; vgl. Sievers und Paul, beitr. V, 114; IV, 418; Hoffory, Bezz. beitr. IX, 36 anm. Sodann bietet das ahd. eine form foaz, gl. K. 214, 11; vgl. Kögel, Ker. gloss. 170, welche acc. pl. ist. Da nun aber, wie bekannt, im westgerm, die accusativform des plur. meist durch die des nominativs verdrängt ist, so können wir diese form unbedenklich für den n. pl. reclamiren und darin eine lautgesetzliche fortsetzung des urgerm. fōtiz sehen, wenn wir berücksichtigen, dass im ahd. der i-umlaut erst in historischer zeit eingetreten ist nach dem ausfalle des i in endsilben; vgl. Paul, beitr. IV, 418.

gen. Der gen. plur. *fōt-ō hat mit ausnahme des got. in allen dialecten seine lautgesetzliche entsprechung: an. fót-a, ags. fōt-a, afr. fōt-a, ahd. fuaz-o, as. fōt-o.

dat. Dieser casus erfordert einige bemerkungen. Wir haben fürs urgerm. die form *fōt-mi angesetzt. In allen dialecten finden wir nun die form fōt-um dafür, und da dieselbe meist als lautgesetzliche entsprechung jener gilt, so behandeln wir sie gleich hier, während sie, wie wir sehen werden, zu den neubildungen zu stellen ist. Da wie Sievers und Paul, beitr. V, 111; VI. 125 gezeigt haben, die apokope des auslautenden i erst einzeldialectisch ist, kann man nicht fürs urgerm. fortfall des i und entwicklung von *fōt-m > fōt-um annehmen, zumal da nur idg. r, l, m, n sonantes sich, unp zwar dann schon urgerm., zu ur, ul, um, un entwickelten. Entstand dagegen erst in den einzelnen dialecten r, l, m, n, so entwickelten diese ursprünglich keineswegs stimmtonvocal, wie ags.ātr, spaldr, nædl, hūsl, hræfn, stefn, bôsm (Sievers ags. gr § 139 anm., 140—142); an. armr, fiskr, fugl, nafn (Noreen alt-isl. gr. § 190—191); got. *akrs, fugls, taikns, maiþms* (Braune, got. gr. § 27) beweisen. Also auch für die einzelnen dialecte ist dieser weg zu verwerfen. Aber auch eine entwicklung von **fōt-mi > *fōt-umi > fōt-um* anzunehmen ist nicht statthaft. Osthoff in seinem buch über das perfectum zeigt in dem abschnitt über die anknüpfung der personalendungen pag. 473, dass „in der stellung vor folgenden voc. nach kurzen silben i, u, m, n, r, l unverändert als einfache silbenanlautende consonanten bestehen bleiben". Was Osthoff hier für die anknüpfung der endungen in der conjugation gezeigt hat, kann, wenn dieselben lautlichen bedingungen bestehen, füglich auch für die declination gelten. Wie wir nun angenommen haben, war das $\bar{o}$ in *fōtum* erst jüngeren datums. Ursprünglich war die qualität der stammsilbe, da der casus der schwachen stammform eignete, eine kurze, und somit konnte sich hier kein stimmtonvocal entwickeln. *fōtum* ist also eine neubildung und wird daher weiter unten zu behandeln sein.

acc. Urgerm. **fṓt-uns* findet seine genaue entsprechung in got. *fōt-uns-*. Die übrigen dialecte zeigen sonst, wie im westgerm. und an. üblich, die nominativformen.

2) Urgerm. neubildung nach andern cons. stämmen.

Dass der dat. pl. eine neubildung ist, haben wir oben gesehen. Da die form in allen dialecten *fōt-um*, afr. *fōt-on* lautet, so liegt es nahe in ihr eine urgerm. neubildung zu suchen. Zunächst aber müssen wir nach dem grund fragen, der diese neubildung veranlaste. Von einer lautlichen schwierigkeit, die von der ursprüngl. form **fōt-mi* zu *fōt-um* führte, kann keine rede sein, da das *i* ja in urgerm. zeit nicht apokopirt wurde. Der grund der neubildung war vielmehr, dass **fōt-mi* eine isolirte form war, denn nach dem schon angezogenen Osthoffschen gesetz entwickelte sich bei den meisten cons. wörtern, lautgesetzlich -umi, wie in **naht-umi*, **brust-umi*, **burg-umi* dazu kamen noch die verwandschaftswörter auf *r*, wie **brōþru-mi*. Gehen wir nun auf die andern urgerm. formen des plur. zurück, so stellen sich nebeneinander:

*fōt-iz   **brōþr-iz*, (mit verallgemeinerung der
*fōt-ō   **brōþr-ō*   schwachen stammform, wie
*fōt-uns   *brōþr-uns*   arn. dohtrik.)

Nur die dative *fōt-mi : brōþru-mi stimmten nicht. Da lag es denn nahe den alleinstehenden dat. aufzugeben und einen neuen nach dem muster der zahlreichen andern ens. auf -umi zu bilden. Von diesem neugebildetendat. sodann und von dem acc. sg. pl. aus erfolgten im got. und den andern dialecten die neubildungen nach u-flexion, die sich von da auf den sing. übertrug.

3) Neubildungen nach u-flexion.

Die verbreiteteste neubildung von formen bei unserm paradigma ist die nach -u-flexion. Die ausgangspunkte haben wir gesehen.

Das got. bietet in den erhaltenen casus scheinbar ganz u-flexion: Sg. n. fōt-us, acc. fōt-u; Pl. n. fōt-jus, gen. fōt-ive, dat. fōt-um, acc. fōt-uns, von denen wie erwähnt die beiden accusative urspr. conson. sind, der dat. pl. eine neubildung nach andern ens. stämmen.

Der nom.-sg. scheint schon urgerm. neubildung gewesen zu sein, denn er findet sich in allen dialecten: an. fōt-r, ags. fōt, afr. fōt, ahd. fuaz, fuoz (fōz in der compos.) as. fuot (Ps.).

Die übrigen formen nach -u-decl., die im germ. begegnen, sind wol mehr oder weniger als einzelsprachliche anzusehen. Es sind dies folgende:

Im an. gen., dat. sg. fōt-ar, fōt-i; im ahd. n. acc. pl. fuazi = suni, schon im 8. jahrh., vgl. Paul, Beitr. IV, 429. VI, 167; g. pl. fuazio = got. fōtiwe, bis auf die speciell got. endung, da w im inlaut schon urgerm. vor o, u ausfiel, wie z. b. niun 9. zeigt. Jedoch kann diese form auch neubildung nach i-flexion sein. Im ags. erwähnt Dietrich, hist. decl. theod. pag. 21 anm. einen dat. sg. fōta ohne quellenangabe, den ich sonst nicht gefunden habe. Das as. hat ebenso wie das ahd. den n. acc. pl. fōti.

4) Neubildung nach o-flexion.

Neben der u-flexion läuft eine etwas jüngere schicht von formen nach der o-decl. Als ausgangspunkt haben wir vor allem anzusehen den gen. sg. westgerm. fōt-es, neben dem n. acc. sg. fōt, g. pl. fōt-o, dat. pl. fōt-um. Wir können diese neubildung als eine specifisch westgerm. bezeichnen, da weder das got. noch das an. sie aufweist.

Wir treffen folgende hierher gehörige formen an:

Sg. dat. ags. *fôt-e*, afr. *fôt-e*, ahd. *fuaz-e*.

Pl. n. ags. *fôt-as* (spätwestsächs., vgl. Sievers ags. gramm. § 282 anm. 1 nachträge).

acc. afr. *fôt-a* (nominativform).

Das mhd. flectiert den sing. scheinbar ganz nach *o*-decl. Jedoch ist auch eine pluralform als massangabe belegt, *vuoz*, von Müller, mhd. wtb. III, 445 bei Frauenlob; vgl. Gr. gr. IV, 285; die wol als eine späte analogiebildung anzusehen ist nach den alten neutralen *-o-*formen, wie *lôt*, *pfund*. Wir sehen hier ein moment, welches wir später noch öfter als von grosser wichtigkeit auf die formenbildung erkennen werden, nämlich den einfluss, den die bedeutung einer reihe wörter auf die flexion eines ihnen sonst fernstehenden aber sinnverwandten wortes ausübt. Vgl. Behaghel 'die deutsche Sprache' S. 168.

5) Neubildung nach *-i-*flexion.

Für das ahd. und as. findet sich dann noch eine reihe von formen nach der *-i-*decl. Da nämlich im ahd. as. die formen des n. acc. gen. pl. der *u*-decl. mit denen der *i*-decl. übereinstimmen, so werden die nach jener gebildeten *fuazi*, *fôti*, *fuazio* die veranlassung, dass man auch nach *i*-decl. casus schuf, indem man den n. acc. gen. pl. als nach dieser gebildet auffasste. Vgl. Scherer 616. Diese analogieschöpfung muss schon eine sehr alte sein, denn sie begegnet uns in beiden dialecten in den ältesten quellen, im 8. jahrh.; vgl. Paul, beitr. IV, 429.

Solche formen sind:

Sg. dat. as. *fuoti*.

instr. abd. *fuazziu*, ebenso wie neben *suni* sich ein instr. *suniu* nach *jo*-decl. findet.

Pl. dat. ahd. *fuazim*, as. *fuotin*.

Das mhd. flectiert den ganzen plural rein nach *i*-decl.

6) Neubildung nach *-n-*decl.

Das afr. allein weist hier wie noch öfter, einen acc\ (resp. n.) pl. nach *n*-decl. auf, mit der form *fotan*, *foten*, deren quelle wol im dat. pl. *foton*, *-em*, *-en* zu suchen ist.

Am schluss unserer betrachtung über dieses wort, wollen wir noch des einflusses gedenken, den es im an. auf ursprüngliche *o*-stämme ausübt. Wie wir gesehen haben, haftet im an. die urspr. cons. declination bei *fótr* sehr fest. Ja dieselbe ist noch lebenskräftig und bewirkt analogiebildungen. So gehen mit ausnahme des gen. sg. nach *fótr* die vocalischen (vgl. Sievers, beiträge V, 123) *nagl*, g. sg. *nagls*; *fingr*, gen. sg. *fingrar*, später *fingrs;* n. pl. *negl, fingr*. Aufmerksam zu machen ist, worauf schon Heinzel, „über die endsilben der an. sprachen", hinweist, dass alle drei wörter teile des menschlichen körpers bezeichnen, also auch hier jenes oben erwähnte bildungsmoment von wichtigkeit ist. Die namen von völkern, die nach Norreen alt-isl. gr. § 325 sich auch nach *fótr* richten, sind wol, was gleichfalls schon Heinzel getan hat, besser zu *maðr*, pl. *meðr* zu ziehen als hierher.

Eine tabelle wird hier wie in späteren fällen die entwicklung veranschaulichen. Die neubildungen sind cursiv gedruckt und die art derselben in jedem einzelnen fall durch eine klammer erläutert.

Singularis.

	got.	an.	ags.	afr.	as.	ahd.
n.	*fōtus* (u)	*fótr* (n)	*fòt* (u)	*fòt* (u)	*fuot* (u)	*fuaz* (u)
g.			fótes	fótes		fuazes
		fótar (u)				
d.			fêt			
		fœti (n)	*fòta*(?) (u)			
			fòte (o)	*fòte* (o)		*fuaze* (o)
					fuoti (i)	
acc.	fōtu	*fót*	fòt	fòt	fuot	fuaz
instr.						*fuaziu* (jo)

Pluralis.

	got.	an.	ags.	afr.	as.	ahd.
n.		*fœtr*	fêt	fêt		foaz
					fòti (u)	*fuazi* (n)
		fòtas (o)				
g.		fóta	fóta	fóta	fóto	fuazo
						fuazio (u)

12

	got.	an.	ags.	afr.	as.	ahd.
dat.	fōtum(c.)	fōtum(c.)	fōtum(e.)	foton (c.)	fōtum(c.)	fuazun (c.)

ſuotin (i) ſuazim (i)

acc. fōtuns   nom.-form

fôti (u)   ſuazi (u)

fôta (nom.-form)(o)

fôtan, -en (n)

II tánþ-, tund'-.

Dass die etymologie des wortes bei Fick etym. wtb. I³, 100 von „da zerteilen" falsch angegeben ist, dass das wort vielmehr von der wurzel ĕd ein part. präs. ist, bedarf wol nicht mehr der erörterung. Wol aber verdienen die zusammenstellungen unter *dant eine solche. Unmöglich können, wenn wir die gestalt des wurzelvocals betrachten, einem gr. ὀ-δοντ-, lit. dant-, an. to̜nn, ags. tôð, afr. tôth, ahd. zand, as. tand ein lat. dent, altir. dét, got. tunþus entsprechen. Brugmann in Curtius stud. IX, 335 zeigt hier den richtigen weg, indem er die verschiedenheit der germ. formen auf den urspr. wechsel zwischen starken und schwachen casus zurück führt, tánþ- und tunð-', oder vielmehr tund-', vgl. Hoffory in Bezz. beitr. IX, 1 ff., dann contamination und verallgemeinerung eintreten lässt. germ. *tend-a „zacke, zinke" identificirt er wie Fick mit skr. dánt-a und sieht darin die bewahrung des e-typus, also die, wie er sich damals noch ausdrückte, „europäische grundform *ad-ent".

Wir haben also einen idg. dreifach abstufenden stamm vor uns: dónt- : dént- : dṇt-', auf den sich die formen folgendermassen verteilen:

1) dónt-: skr. dant, gr. ὀ-δοντ-, lit. dant; an. to̜nn, ags. tôð, afr. tôth, ahd. zand, as. tand.

2) dént-: germ. *tend-a.

3) dṇt-: lat. dent-, altir. dét-, got. tunþ-.

Demnach können wir für das idg. folgende declination ansetzen:

Singularis.   Pluralis.

n. *dont-s   n. *dónt-es

g. *dṇt-ós   g. *dṇt-óm (-ōm)

Singularis. Pluralis.
dat. loc. *dént-i dat. instr. *dnt-mi
acc. *dónt-m acc. *dónt-ms

Die mittelstufe wurde aus der eigentlichen flexion frühzeitig verdrängt und hat sich, wie wir gesehen haben, nur in dem zur o-decl. übergetretenen germ. *tend-a erhalten. Für das urgerm. gewinnen wir demnach folgende flexion:

Singularis. Pluralis.
n. *táns n. *tánþ-iz
g. *tund-ós g. *tund-ōm
dat. *tund-i dat. *tund-mi
acc. *tánþ-um acc. *tánþ-uns.

Das got. bildete nun eine contaminationsform mit dem vocal der schwachen und dem consonantismus der starken stammform, tunþ-, die übrigen dialecte wählten die starke form.

1) Consonantische formen.
Singularis.

Nom.: ags. tóð, afr. tóth aus *tanþ-, ahd. zand, an. (Hildi-) tannr, vgl. Kögel, beitr. VIII, 114 anm. Der dental ist aus den casus obliqui eingedrungen, denn eigentlich müste es heissen ags. afr. *tós aus *tans, wie ʒôs aus *ʒans. Daneben bietet das ahd. eine form zan, die lautgesetzliche fortbildung einer unschwer nach den zahlreichen mustern wie wulfoz anzunehmenden neubildung tanz ist. Vielleicht kann man auch an eine satzdoppelform denken. Diese form nun dringt im ahd. auch in die casus obliqui ein, so dass wir in diesem dialect in allen casus ein nebeneinander von zand und zan haben.

gen. mhd. zandes, zantes mit erhaltung des s wie in föt-es; ags. tóðes, afr. tôthes, an. (Hildi-)-tanns vgl. Kögel a. a. o.
dat. ags. téð mit i-umlaut und apokope des i.
acc. Fürs got. ist ein acc. *tunþ-u vorauszusetzen, jedoch nicht belegt; derselbe würde abgesehen von dem wurzelvocal germ. *tanþu entsprechen. Ebenso sind gebildet: ahd. zan(d), ags. tóð, an. tǫnn mit apokope des u. Hier mag die stelle sein, um einen vorwurf zurück zuweisen, den Kögel beitr. VIII,

144 anm. gegen Osthoff erhebt. Dieser setzt nämlich an. *tǫnn* = idg. **dónt-m̥*, germ. *tanþum Da ist nun für Kögel ein gegenstand des höchsten verwunderns, dass Osthoff dabei nicht beachtet, „dass *tǫnn* im an. fem. ist und dass es diesem genuswechsel den u-umlaut verdankt". Sodann weist er darauf hin, dass sämmtliche cns. feminina im sing. im an. der analogie der fem. *â*-stämme folgen, ausgehend vom dat. sg., g. pl., dat. pl. Dass Osthoff den genuswechsel übersehen habe, ist doch zunächst kaum glaublich. Ferner, sieht denn Kögel nicht, dass grade weil in diesem acc. der umlaut lautgesetzlich war — wie es doch nach Osthoffs, freilich von Kögel bestrittener annahme der nasalis sonans = germ. *un* der fall ist — und weil ein solcher nach auffassung der sprechenden an dieser stelle nur der fem. *â*-decl. gebührte, sich der genuswechsel vollzog und der grund wurde, weshalb auch ein dem entsprechender nom. *tǫnn* gebildet wurde? Dazu kam noch, dass acc. neben diesem acc. *tǫnn* der dem got. entsprechende gen. sg. *tannar* = *tunþaus* stand, und das verhältniss von *tǫnn* zu *tannar* ebenso aufgefasst wurde, wie dasjenige von *sǫk* zu *sakar*.

Den acc. *tann, der nicht einmal belegt ist, der aber, wie doch zu gegeben werden muss, höchst wahrscheinlich ist, erklärt er aus *tanþem und setzt ihn = ags. *tôð*, ahd. *zand*. Aber leugnet Kögel etwa, dass diesen formen nicht mit demselben recht an. *tǫnn* entsprechen könne? Mir erscheint der acc. *tann einfach als eine bildung nach *ŏ*-decl., in welche das paradigma *Hildi-tannr* überhaupt übergeführt ist.

Pluralis.

nom. ags. *téð*, und mit wiedereinführung des *ô* aus den andern casus auch ags. *tôð*, afr. *têth*, an. *téðr*, *tennr tenn* aus *tánþ-iz.

gen. an. tanna, ags. tôða, afr. tôtha, ahd. zand.

2) Neubildung nach conson.-declin. dat. plur.

an. *tǫnnum*, ags. *tôðum*, afr. *tôthen*, as. *tandon*; ahd. *zanen* N. 123, 6; Mcp., IV. 34, 16 ist wol wegen des nicht umgelauteten vocals als rest von urspr. *zandum* anzusehen, ebenso wie mhd. *zanden* (Lexer). Alle diese formen gehen zurück auf ein urgerm. *tanþum. Dass diese form kein lautgesetzlich

entwickeltes *u* haben kann, geht aus der schon angeführten
Osthoff'schen regel (perfect pag. 473) hervor, da idg. **dnt-mi*
kurzen vocal in der stammsilbe hat. Die lautgesetzliche form
wäre also für das germanische **tund-mi* oder, mit verallgemeinerung
der starken stammform **tánþ-mi*. Nun wurde
aber höchst wahrscheinlich im german. die lautgruppe nasal+
dental+nasal zu nasal+nasal, wie die entstehungsgeschichte
von ahd. *sinnan* zu got. *sinþ-s* zeigt, vgl. Kluge etym. wtb.,
drs. beitr. VIII, 518. IX, 186. Es musste also **tan-mi* entstehen,
was in den einzelsprachen alsdann zu **tan-m* werden
muste. Beide formen nun aber fielen ganz aus dem system
der übrigen formen heraus, und so schritt man denn, entweder
in urgerm. zeit oder später zu einer neubildung. Da
lag es den nahe im anschluss an die andern formen zunächst
den stamm *tanþ-* herzu stellen, alsdann nach dem muster der
dative pl. der übrigen langsilbigen conson. stämme und der
verwandschaftswörter auf *r* die endung auf *-um* zu bilden.

3) Neubildung nach *u*-declination.

Die ausgangspunkte sind hier wie bei **fōs* dieselben, zunächst
acc. sg. pl., dem sich hier noch der dat. pl. zugesellt.
*tanþ-um, **tanþ-uns*, **tanþ-um*, vgl. Kremer, beitr. VIII, 400.

Singularis.

nom. got. *tunþ-us*, die schon besprochene contaminationsbildung.
gen. got. **tunþ-aus*, an. *tannar*, (**tanþ-aus*).
dat. got. *tunþ-au, -u*.

Pluralis.

nom. got. **tunþ-jus*, ahd. *zendi, zeni*, as. *tende, cende*,
mhd. *zene* und, wol mit verallgemeinerung des singular *-a*,
zande.
gen. got. *tunþ-ive*, ahd. *zeneo, zeno*; die letzte form zweimal
bei Tatian belegt, wahrt vielleicht die urspr. ens. form in
der endung und hat nur den vocal in der wurzelsilbe gleich
dem des n. acc. pl. gemacht.
acc. im ahd. as. stehen die nominativformen.
Diese neigung zur *u*-flexion ist wahrscheinlich urgerm., da

sie sich mit ausnahme des ags., afr. in allen übrigen dialecten findet.

4) Neubildung nach o-declination.

dat. sing. an. *Hildi-tanni*, ahd. *zanda*, ags. *tôðe*, afr. *tôthe*. Die bildung ist in anlehnung an den das gepräge der o-decl. tragenden gen. sg. geschehen.

nom. pl. spätwestsächs. *tôðas*, vgl. Sievers, ags. gr. § 281 anm. 1, nachtr., veranlast durch den gen. dat. plural.

gen. pl. Das north. weist einen gen. pl. *fôðana* auf, vgl. Sievers ags. gr. § 282, anm. 1, der gebildet zu sein scheint wie die in demselben dialect vorkommenden gen. pl. von *wo*-stämmer, *treu(a)na*, *ðeana*; § 250, 2.

5) Neubildung nach *i*-declination.

Diese finden wir beschränkt auf den plur. des ahd. und, wie zu vermuten steht, des as., von dem aber keine hierher gehörigen casus belegt sind. Der weg war derselbe wie bei *funz*. Der n. acc. g. pl. hatten das aussehen von casus dieser flexion und zogen so den dat. nach sich:

dat. pl. *zenim, zenin, zenen.*

6) Neubildung nach fem. *â*-declination.

Sie eignet dem an. und ihre ausgangspunkte sind oben erwähnt.

nom. sg. an *tonn*.
dat. sg. an. *tenn*.

7) Neubildung nach *n*-declination.

Hier steht von neuem das afr. allein mit seinem n. pl. *tôthan*.

Das an. erweitert wieder den umfangskreis der cons. declination. Da sein sing. ganz wie der der fem. *â*-decl. lautete, so wirkte das wort mit seinem plural auf einige urspr. der vocalischen declination angehörigen wörter, und zwar zunächst, wie man annehmen kann, auf solche, die einen gewissen gleichklang zeigten, wie *tong* „zange", *stong* „stange", pl. *tengr, stengr*. Von da aus wirkte die analogie weiter, vgl. Wimmer, an. gr. § 55—59.

Im afr. ags. und an. läuft neben dem eben behandelten paradigma ein wort nach der o-decl. welches genau dieselbe bedeutung hat: afr. *tusk*, ags. *tusc*, *tux*, an. *toskr*. v. Richthofen sagt in seinem afr. wtb. an betreffender stelle darüber: „*Toth* und *tusk* kommen, sowie die ihnen gleich stehenden ags. *tôð* und *tux*, nebeneinander vor und galten demnach für verschiedene worte, da sie aber in der bedeutung vollkommen übereistimmen, und einer wurzel sind (*th* in *s* übergegangen, vgl. das fries. *strot* mit dem ags. *þrote*) stelle ich sie zusammen". Die ältere ansicht aber, die von Richthofen verwirft, traf das richtige. Fick I³, 100 stellt die wörter zusammen mit skr. -*dat-ka* in *a-datka* „zahnlos". In *datka* haben wir das deminutivsuffix -*sko* zu sehen, denn im skr. muste *dat-ska zu *dat-ka* werden. Im gr. begegnet es uns in wörtern wie *ππαρί-σχο-ς*, *παιδί σχο-ς*. Fürs germ. verweise ich auf Kluge, stammb. § 209, an. *beiskr* aus *bhoid-sko, *horskr* zu got. *hard-us*, ahd. *falsch, mhd. *valsc* zu mhd. *valant*. Ebenso ergiebt *dnt-sko, ags. *tusc*, afr. *tusk*, an. *toskr*, vgl. auch Kluge, beitr. VIII, 537, wo *tûsc* angesetzt und die an. kürze aufgefast wird wie die von an. *oss* = ags *ûs*.[1])

Singularis.

	got.	an.	ags.	afr.	as.	ahd.
nom.	*tunþus* (u)	annr	tôð	tôth		zand
gen.		tanns *tannar*(u)	*tonn* (fem.â) tôðes	tôthes		zandes
dat.	*tunþu-, au*(u)		têð			

---

[1]) Eine andere erklärung gibt Brugmann in seinem „grundriss der vergleich. gramm. der idg. sprachen". Im § 527 heist es: *tk* wurde zu *sk* (vgl. § 516 wo das gesetz flirs keltische erläutert wird)". Aus den beispielen hebe ich hervor: ahd. *rasc* „schnell, gewandt, kräftig", aisl. *roskr* „kühn, tapfer" (got. *rasqs), urgerm. *raskua-z aus *ratkua-z*, zu ahd. „*rad*". Vielleicht wäre dies wort noch besser zu stellen zu ags. *raðe* „cito, protinus"; comp. *raðôr* = neuengl. *rather*. Uebrigens mögen sowol „*rad*" wie *raðe* von derselben wurzel sein.
Sodann: aisl. *loskr* „weich, schlaff", urgerm. *latkua-z, zu *lats* „lass".

B. Kahle, Entwickl. d. cons. decl. 2

	got.	an.	ags.	afr.	as.	ahd.
acc.		*tanni* (o) *tǫnn* (f.â)	*tôðe* (o)	*tôthe* (o)		zanda
		tǫnn	tôð			zan(d)

Pluralis.

	got.	an.	ags.	afr.	as.	ahd.
nom.		tennr,-ðr	têð, tôð	têth	*lende* (u)	*zendi,zeni*(u)
			tôðas (o)			
			têðhan (n)			
gen.		tanna	tôða	tôtha		zano
	tunþive (u)					*zeneo, zeno*
			tôðanna (o)			(u)
dat.		tǫnnum	tôðum	tôthem	tandon	zanen, mhd.
		(cons.)	(cons.)	(cons.)	(cons.)	zanden (c.)
						zenim (i)
acc.			nom.-form			nom.-form.

III. *wintar*.

Im allgemeinen gilt noch immer, vgl. Kluge etym. wtb., Sievers ⁻ ags. gr. § 273, das germ. wort für den winter als u-stamm. Nun hat aber schon Paul in beitr. IV, 431 auf die cons. formen des n. acc. pl. ags. *vinter*, as. *wintar*, an *vetr* hingewiesen. Das neutrale geschlecht für die pluralformen ags. *vinter*, das Sievers beitr. IX, 244 nachweist, ist wol erst secundär in folge der scheinbaren flexionslosigkeit entstanden. Wäre das wort in der tat *u*-stamm, so müsten diese isolirten formen aufs höchste auffallen, und es wäre die frage auf zu werfen, wie sie in das *u*-paradigma eindrangen. Dieselbe wäre schwer zu beantworten, begriffsähnliche cons. wörter sind nicht zur hand. Da nun aber, wie der gang dieser untersuchung zu zeigen sucht, bei einer mischung von cons. und *u*-flexion meist die cons. die ältere ist, so können wir wol auch hier die cons. declination für das urspr. halten. Es werden uns eine ganze reihe von formen begegnen, die ohne zwang als cons. zu betrachten sind, und zu jenen von Paul erkannten stimmen.

1) Consonantische formen.
Singularis.
nom. an. *vetr*, ags. *vinter*, as. *wintar*, ahd. *wintar*, mit westgerm. entwicklung eines stimmtonvocales aus *r*.
gen. ags. *vintres*, ahd. *wintares, wintres* wie *fòtes*.
acc. an. *vetr*, ags. *vinter*, as. *wintar*, ahd. *wintar* aus **wintrm, *wintru-m, *wintru*.

Pluralis.
nom. an. *vetr*, ags. *vinter*, as. *wintar* Heyne Hel. 510, der form nach unstreitig nom., der den ursprüngl. acc. verdrängt hat.
gen. an. *vetra*, ags. *vintra*, as. *wintro*, ahd. *wintro*.
dat. got. *vintrum*, an. *vetrum*, ags. *vintrum*, ahd. *wintrum* aus **vintrmi*.
acc. got. *vintruns*, ags. *vintru*, aus **wintrms* entstanden aus **vintrunz, *vintrūz, *vintrū*; das *ū* wurde geschützt durch den nasalklang wie das *ō* im gen. pl., vgl. Scherer z. G. d. spr.[2] 560. Im westgerm. sind ausserdem ans, ins, uns, durch *ans, ins, uns* zu *ás, is, ûs* gelangt und haben sich nach abfall des *s* mit den nominativen vermischt".
an. agr. as. die nom.-formen.

2) Neubildung nach *u*-declination.
Diese ging, wie in ähnlichen fällen, vom acc. dat. plur. und von einem wol nur zufällig nicht belegten got. acc. sg. **vintru* aus.

Singularis.
nom. got. *vintrus*.
gen. an. *vetrar*.
dat. got. *vintru-, au*, an. *vetri*, ags. *vintra*.

Pluralis.
gen. got. *vintrive*.

3. **Neubildung nach o-declination.**
Die quelle derselben war zunächst der gen. sing., der ganz
das gepräge einer bildung der o-decl. trug, zumal in seinem
verhältniss zum nom. acc. sg. Sodann wurde diese neubildung
wol auch gefördert durch die häufige zusammenstellung des
wortes mit dem bedeutungsverwandten *sumar*. Von diesem
worte können wir wegen der ähnlichkeit der bildungsweise mit
wintar, vgl. Kluge stammb 2, annehmen, dass es urspr. ebenfalls cons. gewesen ist. Jedoch habe ich keine form in den
germ. dialekten finden können, die mit bestimmtheit darauf
hinweist. Wol können gen. sg., gen. dat. pl. als reste cons.
flexion angesehen werden, aber eine characteristische form, wie
etwa einen scheinbar flexionslosen dat. sg. oder nom. pl. habe
ich nicht auftreiben können. Jedoch lassen u formen von *sumar* im ags. (vgl. Sievers ags. gram. § 273) vermuten, dass in
ihnen vielleicht der übergang von der urspr. cons. flexion des
wortes zu der nach o-decl. zu suchen ist, wofern sie nicht eine
folge der häufigen zusammenstellung dieses wortes mit *vinter*
sind. Man muss also für dieses wort aus irgend welchen nicht
mehr durchsichtigen gründen frühzeitigen übertritt in die o-
declination annehmen. Natürlich war es dann, dass es das der
bedeutung- und bildungsweise nach verwandte *wintar* beeinflusste. Solche zusammenstellungen nun, von denen wir oben
sprachen, sind z. b. as. *sumero endi wintro* (Hel.), ags. *vintres
and sumeres*. Wir begegnen allerdings nur der form des dat.
sg. im ahd. und ags. *vintere, vintre* und *vintre*, ferner des nom.
acc. pl. ags. *vintras*, cf. Sievers a. a. o.
Eine folge dieser verbindungen war es vielleicht, dass der
ags. dat. sg. nach -u-flexion *vintra* seinerseits eine form *sumera*
hervorrief.

Singularis.

nom.	got.	an.	ags.	afr.	as.	ahd.
		vetr	vinter		wintar	wintar
	vintrus (u)					
gen.			vintres			winteres, wintres
		vetrar(u)				
dat.	*vintru-au*(u) *vetri*(u)		*vintra* (u)			
			vintre (o)			*wintare-tre* (o)
acc.		vetr	vinter		wintar	wintar

Pluralis.

	got.	an.	ags.	afr.	as.	ahd.
nom.		vetr	vinter		wintar	
			vintras (o)		(acc.)	
gen.		vetra	vintra		wintro	wintro
	vintrive (n)					
dat.	vintrum	vetrum	vintrum			wintrum
acc.	vintruns		vintru			

nom.-form.

IV. naut-.

Einen schwachen rest urspr. cons. flexion hat das ahd. gewahrt in dem wort *ga-nôz* m., das in andern dialecten überall zur *o*-decl. übergetreten ist: an. -*nautr*, ags. -*neát*, as. -*nôt*. Die formen, welche im ahd. den cons. character verraten, sind (Graff II, 1126): dat. sg. *gi-noz* O. V, 5, 10. *g-nôz* Bo. 5; n. pl. *ki-nôz* gl. K. Als urspr. cons. casus können fernerhin in anspruch genommen werden, ausser dem nom. sg. und, mit apokope des *u*, dem acc. sg. der gen. pl. *gi-nôzo*, dat. pl. *ganôzzum*. Von diesen casus aus vollzog sich dann im pl. die bildung eines nom. acc. nach *o*-decl. *gi-nôza*, im sg. vom nom. acc. und von einem nicht belegten urspr. cons. gen. *gi-nôzes* die bildung eines dat. *ginôze*. Nimmt man ferner einen verloren gegangenen acc. pl. *ga-nôzu* an, so war dieser im verein mit dem dat. pl. die veranlassung zur bilduug eines n. acc. pl. nach *u*-flexion: *g-nôzzi, hus-ki-nôzzi*.

Die con. formen haben sich bis ins mhd. erhalten, vergl. Paul, mhd. gramm. § 114, der über das wort bemerkt: „*ge-nôz* kanun im nom. (acc.) pl., zuweilen auch im dat. sg. ohne flexion bleiben, aber nur, wenn es soviel als „gleich" bedeutet, z. b. *irge-nôz* ihresgleichen, *der engel ge-nôz*."

Die sprache hat also die bedeutung differenziert, indem sie den abweichenden altertümlichen formen einen besonderen wirkungskreis zuwies.

Singularis.	Pluralis.
nom. -nôz	nôz, *nôza* (o), *nôzi* (u)
gen. —	nôzo

Singularis. Pluralis.
dat. nôz nôzum
nôze (o)
acc. nôz nom.-form.

V. *mênôþ-* und *magaþ-*.

Auf die cons. declination einer reihe auf dental ausgehender germ. wörter hat Pauls in beitr. VI, 227 hingewiesen, vgl. auch Kremer in beitr. VIII, 385 ff. Er zeigt ihre stammabstufung, und wie bald in den andern dialekt die starke resp. schwache stammform zur geltung gelangen, oder wie auch in einem dialect sich zwei paradigmata entwickeln. Da die meisten derselben in die *o*-decl. übergetreten sind und ausser ihrer stammabstufung keine spur der cons. flexion mehr tragen, so verweise ich auf die ausführungen Pauls a. a. o., und ziehe hier nur diejenigen in den bereich meiner betrachtungen, von denen einige casus direct noch auf die cons. decl. verweisen. Der ausgangspunkt, von dem alle diese wörter in die *o*-flexion übertraten, waren ausser dem nom. acc. sg., der gen. sg., indem die urspr. endung *-os* ja erhalten blieb, und der gen. dat. pl., casus, die mit denen der *o*-decl. übereinstimmten, die wir daher nicht weiter zu erwähnen brauchen.

Wir beginnen mit dem wort für „monat", das im got. die cons. flexion rein erhalten hat, wenigstens in den belegten casus vgl. Schulze, got. glossar. Es sind:

Sg. n. *mênôþ-s*, dat. *mênôþ*.
Pl. n. *mênôþ-s*, dat. *mênôþ-um*.

Das afr. bietet dar:

dat. sg. *monath*; n. acc. pl. *monath*, neben den formen nach *o*-flexion *monathar*, und nach *n*-flexion acc. pl. *monaden*.

Das ags.

n. pl. neben *mônðas mônað*, ebenso, wie hier erwähnt sein mag von *hæleð* neben n. pl. *hæleðas* die urspr. form *hælað* erhalten ist; vgl. Sievers, ags. gr. § 282, anm. 2.

Das an.

Sg. n. *mánaðr*, gen. *mánað-r*, acc. *mónoð*.
Pl. n. *mánaðr*, gen. *mánaða*, dat. *móno-ðum*, acc. *mánað-r*.

Das an. nom. sg. zeigt auch die form *mónoð-r*, die überhaupt neben den formen auf *a* durch das ganze paradigma geht. Da nun für diejenigen formen, die in der endsilbe ein *u* hatten, wie acc. sg. dat. pl. *o* das lautgesetzliche ist, so hat von dem alten verhältniss des nom. sg. *mánaþ-r* : acc. sg. *mónoþ* aus ausgleichung stattgefunden, sodass diese form auch in den nom. drang, jene auch in den acc. vgl. Paul, beitr. VI, 160.

Das folgende hier zur behandlung kommende wort, bietet uns, da es ein fem. ist, eine überleitung zu dem zweiten abschnitt dieser arbeit, in der nur feminina zur behandlung kommen. Da es aber seiner entwicklung nach eng mit dem vorigen verknüpft ist, so behandeln wir es an dieser stelle.

Es ist eine alte feminine ableitung vom stamm *magu-* „knabe", (vgl. Kluge etym. wtb., stammb. § 43) und hat im got. in den wenigen formen. in denen es belegt ist *i*-flexion.

magaþ-s, magaþ-ais, magaþ-ai.

Die cons. flexion des wortes zeigen den gen. dat. sg. ags. *maeʒ(e)ð*, dat. sg. as. *magað*, dat. pl. ahd. *worolt-magadon* bei Otfried. Diese casus führt Paul a. a. o. auf, vgl. noch drs. in Germ XIX, 226.

Hinzu zufügen wäre noch ahd. gen. pl. *magedo* (Graff II, 630); ags. nom. acc. pl. *mæʒeð*, mhd. dat. sg. *maget* (Lexer); as. n. pl. *mageð*. „Das got. hat die starke stammform verallgemeinert das ags. die schwache."

Aber auch das as. scheint nur die starke, stammform zu kennen, während das ahd., ebenso wie das afr. beide kennt.

Die urspr. flexion würde sich also fürs ahd., abgesehen von dem übertritt in die *i*-flexion folgendermassen gestalten.

Singularis.

nom. *magad.*
gen. *magidi* ⎫ 8 jahrh. II. 24 ⎫ resp. *megedi* nachwirken des
dat. *magidi* ⎭   ⎭ des *i*-umlautes.
acc. *magad.*

Pluralis.

nom. *magadi.*
gen. *magido (magedo).*
dat. *magidin.*
acc. *magidi.*

Diese formen sind sämmtlich belegt und gewähren uns ein bild der urspr. stammabstufung. Daneben ist dann in der weise ausgeglichen, dass die schwache form auch in den nom. drang, und diese umgekehrt auch in die schwachen casus, vgl. Paul a. a. o.

B. FEMININA.
VI. *hand-*.

Wir wenden uns nun zum zweiten abschnitt unserer abhandlung, zur betrachtung der cons. flectierenden feminina. Wie wir sahen hat auf die masculina vor allen die *u*-flexion eingewirkt. Aus diesem grunde stellen wir an die spitze dieses abschnittes ein wort, auf welches die *u*-decl. so eingewirkt hat, dass die meisten schulgrammatiken (vgl. Paul, Braune, Sievers, Noreen) es unter die *u*-stämme rechnen, Heinzel in seiner abhandlung „über die endsilben der an. sprachen" es sogar zum muster der entwicklung der *u*-decl. benutzt. Auch Kluge im etym. wtb. läst es zweifelhaft, ob *u*-stamm oder consonantischer vorliegt. Wir meinen das gemeingerm. wort *hand-*.

Thurneysen in Kuhn's zschrft XXVI, 310 anm. sagt darüber: „es liegt nahe, dieses **kont* (*knt*) mit dem deutschen stamme *handu* in verbindung zu bringen, so dass es eigentlich eine handvoll, einen griff bedeutete, (cfr. got. *hinpan*)". Aehnlich äussert sich Kögel in beitr. VIII, 121: „es kann nicht zweifelhaft sein, dass das element *kemt* (= Thurneysens **knt*), das wir eben in allen zahlen von zehn bis hundert nachgewiesen haben (im griech.), urspr. ein besonderes wort gewesen ist, ein altes stammabstufendes cons. substantiv. Seine schwache stammform ist im germ. durch die hundertszahl *hund* repräsentiert, die starke muss dazu *hand* gelautet haben: sie ist erhalten in dem alten cons. flectierten fem. *hand*. Die fünfzahl der finger bildet also der grundstock des idg. zahlensystems."
Letzteres scheint wenig wahrscheinlich zu sein, denn τριάκοντα

würde darnach 3.5 = 15 sein, bedeutet doch nun aber einmal 30. Ursprüngliche identität von got. *handus* und *hund* hat auch schon Lepsius, wenn auch aus andern und heut kaum noch stichhaltigen gründen, behauptet, in seinen sprachvergl. abhandl. 83—150 Berlin 1836; vgl. dazu Pott in Hall. jahrb. 1838, 58 bis 64; drs. die quinar vigesimale zählmethode 136. Mögen diese etymologien nun richtig sein oder nicht, so viel scheint mir festzustehen, dass das wort urspr. cons. ist und nicht -*u*-stamm. Zahlreiche cons. formen lassen sich in allen dialecten nachweisen, und wo diese mit *u*-formen wechseln, lassen sich a priori jene immer als die älteren annehmen.

1. Consonantische formen.

Als urgerm. flexion können wir, indem wir annehmen, dass die verdrängung der schwachen stammform schon stattgefunden hat, folgendes schema annehmen.

Singularis.   Pluralis.
nom. *hán-z*   *hánd-iz*
gen. *hand-ós*   *hand-őm*
d. loc. *hand-i*   *hand-mi*
acc. *hánd-um*   *hánd-uns.*

Diesen formen entsprechen nun folgende:

Singularis.

nom. überall durch urgerm. neubildung verdrängt.
gen.
dat. ags. *hand*, für **hend* mit wiedereinführung des *a* aus den andern casus; afr. *hond, hand*; as. *hand*, ahd. *hant.*
acc. got. *handu*, an. *hǫnd*, ags. *hund*, afr. *hond, hand*, as. *hand*, ahd. *hant.*

Pluralis.

nom. an. *hendr*, ags. *hond* (vgl. Sievers, ags. gr. § 274 anm. 2), ebenso wie im dat. sg. der vocal neu eingeführt.
gen. an. *handa*, ags. *handa*, afr. *handa*, as. *hando*, ahd. *hanto*, mhd. *hande.*
dat. got. *handum*, an. *hǫndum*, ags. *handum*, afr. *handum*, as. *handum*, ahd. *hantum*, mhd. *handen.*

acc. got. *handuns*, mhd. *honde* ist wol auch echte cons. form aus vorauszusetzenden älteren *handunz, wie oben ags. *vintru*, vgl. Dietr. hist. decl. theod. 19.
Sodann die nom.-formen an. *hendr*, ags. *hond*.

2. Neubildung nach *u*-declination.

Die ausgangspunkte dieser bildungen sind wie bei *fös wieder klar: acc sg. u. pl., dat. pl.

nom. sg. got. *handus*, ags. *hand*, afr. *hand*, as. *hand*, ahd. *hant*.
gen. sg. got. *handaus, zufällig nicht belegt, an. *handar*, ags. *handa*, mhd. *hande*, vgl. Dietr. a. a. o. 18.
dat. sg. got. *handau*, ags. *handa*, afr. *honda*.

Die übrigen dialecte zeigen die zweite form des dat. der *u*-flexion:

an. *hendi*, as. *hendi*, ahd. *henti*; jedoch können die as. und ahd. formen auch der *i*-decl. angehören.
nom. pl. got. *handjus, afr. *honda*, as. *hondi*, ahd. *henti* (benedict. regel), mhd. *henti*.
gen. pl. got. *handive, ahd. *henteo*. Sodann findet sich N. 17, 25; 77,72 eine form *hendo*, die wol als eine compromissbildung zwischen dem cons. *hando* und der *u*-form *hendeo* anzusehen ist, wie oben *zeno*.
acc. pl. die nom.-formen.

3. Neubildungen nach fem. *â*-declination.

Diese findet sich im an. und ags. Veranlassung dazu mag wol gegeben haben, einmal dass das wort fem. ist, sodann im an., dass es mit seinen formen gen. sg. *handar*, acc. sg. *hǫnd*, gen. pl. *handa*, dat. pl. *hǫndum*; im ags. mit dem nom. sg. *hand*, gen. pl. *handa*, dat. pl. *handum* trefflich zu einem langsilbigen wort der fem. *â*-decl. stimmt.

Solche neubildungen sind im an. der nom. sg. *hǫnd*, im ags. der nom. acc. pl. *handa*.

4. Neubildung nach *i*-declination.

Diese findet sich wieder im ahd. mhd., vom n. g. acc. pl. ausgehend:

gen. sg. *henti* (Otfr.), mhd. *hende*.
dat. pl. *hentim*; mhd. *henden*.

5. Neubildung nach *n*-declination.

Um nun den reigen aller für ein fem. möglichen declinationsarten zu schliessen, begegnen wir wieder im afr. einem acc. pl. *handen*.

Im nhd. lautet der sg. ganz flexionslos, im pl. nach *i*-decl., jedoch sind uns noch reste alter cons. decl. erhalten in verbindungen wie: *vorhanden, zu eigenen handen, allerhand* = mhd. *allerhande,* von der *u*-flex. ein alter loc. in dem adj. *behende.*

Singularis.

	got.	an.	ags.	afr.	as.	ahd.
nom.	*handus*		*hand*(u) *hond*		*hand*(u) *hant*(u)	
		hǫnd(f.â)				
gen.		*handar*(u)*handa*(u)				*hande* (mhd.) (u)
						henti (i)
dat.			hand	hond	hand	hant
	handau(u) *hendi* (u) *handa*(u)*honda*(u)*hendi* (u)*henti* (u od. i?)					
acc.	handu	hǫnd	hand	hond	hand	hant

Pluralis.

nom.		hendr	hond			
				honda(u)*hendi* (u)*henti*(u)		
			handa			
			(fem. â)			
gen.		handa	handa	honda	hando	hanto
						henteo hendo (u)
dat.	handum	hǫndum	haudum	handum	handum	hautum
						hentim (i)
acc.	handuns					

hande nom. fem.

nom.-fem.
handen (n)

VIII. mūs.

Das germ. wort *mūs* ist zugleich gemeingut der idg. sprachen, wie skr. *mūsh,* gr. μῦς, lat. *mūs,* abulg. *myšĭ* zeigen. Dass das wort cons. stammes ist, kann keinem zweifel unterliegen im lat. und slav. weicht es, wie gewöhnlich die cons. stämme tun, in die *i*-flexion, im gr. in die *u*-flex. aus, vgl. G. Meyer, gr. gr. §336.

Osthoff, morph. unters. IV, 218 zeigt, dass das wort urspr. ablautend war, die form des starken casus „maus" aber schon im idg durch die der schwachen *mŭs* verdrängt worden sein muss, dass ferner lat. slav. deutsch die formen mit der kürze ganz ausfallen liessen, während das gr. beide gewahrt hat.

1. Consonantische formen.

Für das germ. können wir folgendes paradigma ansetzen:

	Singularis.	Pluralis.
nom.	mū́s	mū́s-iz
gen.	mūz-ós	mūs-ṓm
dat.	mūz-í	mūz-mí
acc.	mū́s-um	mū́s-uns

Es trat nun frühzeitig ausgleichung ein, indem die nach Verners gesetz mit *z* anzusetzenden formen das *s* der andern casus annahmen. Dem so entstandenen paradigma entsprechen nun folgende formen in den germ. dialecten:

Singularis.

nom. an. *mús* aus **mús-s* vgl. Osthoff a. a. o. 21 anm. 1, ags. *mŭs*, ahd. *mŭs*, vgl. Paul und Sievers beitr. IV, 418; V, 111; afr. *mos*, in der zusammensetzung *mos*-dolch. Sollte hier vielleicht die alte kürze gewahrt sein?
dat. ags. *mȳs*.
acc. an. *mús*, ags. *mŭs*, ahd. *mŭs*, aus **mūs-um*.

Pluralis.

nom. an. *mýss*, ags. *mȳs*.
gen. an. *músa*, ags. *mȳsa*, ahd. *mŭso*.
dat. an. *músum*, ags. *mȳsum*. Die form ist nach der Osthoff'schen regel mit stimmvocal gebildet aus **mūs-mi*, **mūs-u-mi*.
acc. an. ags. nom.-formen.

2) Neubildung nach fem. â-decl.

Der gen. sg. ags. muste **mŭs-es* lauten. Ein solcher genitiv nun stimmte aber schlecht zu den übrigen formen, die das

gepräge der langsilbigen feminina auf *â* trugen mit ausnahme
des dat. sg., n. acc. pl. Dies war wol der grund, weshalb man
die alte form fallen liess und einen neuen gen. sg. nach jener
weise bildete, *mûse*. Paul in beitr. IV, 395 erklärte diesen
gen. sowie *bôce, brôce, gôse* für formen der *i*-decl., indem er
die reihe annahm: got. *ais* > as. ags. *-es* > *e*. Dies scheint
mir jedoch wenig wahrscheinlich zu sein, da das ags. sonst
in diesem paradigma keine einzige form nach *i*-declination
aufweist.
 Im an. finden wir gleichfalls formen dieser decl. Der dat.
sg. muste *mýs lauten, eine form die leicht zu verwechslungen
anlass geben konnte mit dem ähnlich klingenden nom. acc. pl.
Dies war vielleicht der grund, weshalb die sprechenden sich,
um eine undeutlichkeit zu vermeiden, nach einer neuen bildung
umsahen, wie in ähnlichen fällen, z. b. beim gen. pl. der fem
ā-decl., der mit dem acc. sg. zusammen fallen muste, vgl. Osthoff, morph. unters. II, 126 ff., oder im westgerm. bei der
2. pl. wegen des zusammenfalls mit der 3. sing. bei den verben
mit umlautfähigem wurzelvocal, vgl. Paul und Kögel, beitr. IV,
403; VIII, 105 ff. Man wählte also eine solche nach der fem.
â-decl. und schuf die form *mús*, wozu dann noch ein entsprechender gen. sg. *músar* trat. Auch hier konnten wie im
ags. der nom. acc. sg., dat. gen. pl. die ausgangspunkte für
diese neubildungen sein, aber in beiden dialecten kommt noch
oin wichtiges moment hinzu. Es ist die lautliche und, wovon
wir gleich des nähern handeln werden, begriffliche ähnlichkeit mit dem der fem. *â*-decl. angehörigen germ, wort „*lûs*",
vorausgesetzt, dass Osthoffs etymologische auffassung (morph.
unters. IV, 104 ff., 403 ff.) von lûs richtig sein sollte. Für
den an. dat *mús* läst übrigens Osthoff, morph. unters. IV, 218
anm. 1, die möglichkeit offen, dass er lautgesetzlich ist gleich
ags. *mýs*, indem er Sievers regel, beitr. V, 111 ff., dass mit
i-apokope nach langer silbe im an. notwendig *i*-umlaut ver-
bunden sei, nicht für völlig begründet hält, so lange an- *umb*
= *ymbi* noch nicht gehörig erklärt sei. Eine derartige erklärung ist mir allerdings nicht bekannt.
 Auf jenes *lûs* hat nun, sowol im an. wie im ags., das lautlich und begrifflich so nahe stehende wort *mûs* derartig eingewirkt, dass jenes seinen plur. ganz nach diesem umgebildet

hat. Die folge davon war, dass seine singularformen, an. *húsar, hús*, ags. *húse* ihrerseits auf den sing. von *mûs* wirkten und so mit ein gewichtiger grund zu den schon erwähnten für die neubildung hinzukam. Dasselbe verhältniss besteht bei dem im ahd. in die *i*-flexion übergetretenen cons. wort ags. *zôs*, an, *gás*; nur dass hier das ags. seinen cons. dat. sing. wahrt, vgl. Sievers, ags. gr. s. 284; Paul, beitr. IV, 395; Grimm gr. I, 646.

Die flexion dieses wortes ist demnach folgende:

Singularis.

	an.		ags.
nom.	*gás*		*zôs*
gen.	*gásar*	} *â*-decl.	*zôs*(*â*-decl. (*zês*) [1])
dat.	*gás*		*zês*
acc.	*gás*		*zôs*

Pluralis.

nom.	*gés*	*zês*
gen.	*gása*	*zôsa*
dat.	*gásum*	*zôsum*
acc.	*gés*	*zês*

Wir sehen also auch hier den einfluss der fem. -*â*-decl.; sollte indessen an. *mús* tatsächlich gleich ags. *mŷs* sein (vgl. oben), so stände nichts im wege auch an. *gâs* für die lautgesetzliche entsprechung von ags. *zês* zu halten, wenn gleich immer wunderbar wäre, dass in demselben wort das *i* einmal umlaut gewirkt hätte, nom. acc. pl., das andere mal, wie im dat. sg., nicht. Alsdann würde das an. paradigma dem ags. vollkommen entsprechen und der einfluss der *â*-decl. sich auf den gen. sg. beschränken. Dazu kommt noch im an. *ǫnd* f., gen. *andar* „ente" mit dem plur. *endr* neben *andir*, das im ahd. im dat. pl. *anitun* und in den formen *anut* und *enit* cons. decl. und stammabstufung wahrt (Graff I, 335). Ebenso flectiert dass im ahd. got. in vocalische declination übergetretene wort für die ziege ags. *zdt*, an. *geit*; got. *gaits*, ahd. *geiz*,

---

[1] Die erklärung des genetivs *zês* erfolgt weiter unten.

ausserdem noch an *kýr*, ags. *cú;* an. *sýr*, über deren flexion
s. no. XIV.

Jedenfalls entsteht in beiden dialecten auf diese weise
für die wörter ags. resp. d. an. formen *mûs, lûs, zôs, zât, cû*
und im an. *ond* und *sýr*, eine einheitliche declination, die ihrerseits wieder eine reihe urspr. voc. stämme beeinflust, so dass
sie sich völlig nach dieser decl. richten. Auf die bedeutung
der begriffsähnlichkeit bei diesen wörtern haben wir schon
hingewiesen. Diesen einfluss nun sehen wir in beiden dialecten noch fernerhin bestätigt. zumal im an.

Von tiernamen, die urspr. nach vocal. declin. gehen, kommen
nämlich hier noch dazu: *hind* „hindin", *sûd* „häring", *tik*
„hündin", *fló* „floh", *ló* „regenwurm"; ferner *ár* „weibliches
schaf". Ueber die mannigfachen schwankungen in der flexion
dieser wörter, vgl. Norren altisl. gr. § 327. 328.

Diese so zahlreich gewordene klasse vermochte dann auch
andere fem. *â*-stämme an sich zu ziehen, die ihrer bedeutung
nach keinen anknüpfungspunkt bieten. Vgl. Wimmer, an. gr.
§ 55—59; Norren a. a. o. s. 324—228, Sievers, ags. gr. § 284.

Ueber die entstehung solcher mischdeclinationen, vgl. Paul,
principien¹ pag. 124 ff.

2) Neubildung nach *u*-declination.

Diese bildung findet sich nur im ahd. Gehen wir von
den vorauszusetzenden acc. sg. pl. **mûs-um, mûs-uns* aus, ferner
von dem in allen andern dialecten vorhandenen dat. pl. *mûsum*,
so haben wir hier wie bei *fuaz* formen, welche solche der
u-decl. zu sein schienen. Nach diesen wurde dann der n. acc.
pl. *mûsi,* gen. pl. *mûseo* gebildet.

4) Neubildung nach *i*-declination.

Der weg von der *u*- zur *i*-declin. ist auch hier klar, er
ging vom n. acc. pl. aus. Man bildete zu diesen formen den
dat. pl. ahd. *mûsin*, und den gen. sg. *mûse.*

Das afr. bietet nur die schon erwähnte zusammensetzung
mos-dolch, im got. und as. ist das wort nicht belegt.

Singularis.

	an.	ags.	ahd.
nom.	mús	mús	mûs
gen.	músar (fcm. â)	múse fcm. â)	muse (i)
dat.	mús (fcm. â?)	mýs	
acc.	mús	mús	mûs

Pluralis.

	an.	ags.	ahd.
nom.	mýss	mýs	mûsi (u)
gen.	músa	mûsa	mûso mûseo (u)
dat.	músum	mûsum	mûsin (i)
	nom. fem.		
acc.	mýss	mýs	mûsi (non. fem.) (u)

VIII. *naht-*.

Mit der betrachtung dieses wortes gelangen wir zu einer gruppe von drei wörtern, welche dadurch enger zusammen gehören, dass sie im ahd. mhd. und vereinzelt auch im as. auf die decl. von fem. nach *i*-decl. eingewirkt haben. Diese erscheinung wird später behandelt werden, nachdem wir die entwicklung der einzeln wörter, *naht-, burg-, brust-* in betracht gezogen haben. Das germ. wort gehört zu uralt ererbten consonantischen stämmen das im gr. als *νύξ, νυχτ ός*; im lat, als *nox, noct-is* cons. begegnet.

Auch das skr. zeigt den alten cons. stamm *nackt-*, und zwar nach spec. ai. gesetzen im nom. sg. *nay* (vgl. Gaedike der acc. im veda 177 anm.) acc. sg. *nákt-am*, n. dual. *nákt-â*.

Die übrigen formen (vgl. Petersburger wtb.), die anderen stämmen an zugehören scheinen, lassen sich als neubildungen folgendermassen erklären, nach einer mündlichen mitteilung, die herr prof. Osthoff die güte hatte, mir zu kommen zu lassen:

1) *naktábhir*, hervorgerufen durch die häufige zusammenstellung mit dem bedeutungsantipoden *áhabhir*, eine erscheinung die wir bei denselben wörtern im germ. in ähnlicher weise antreffen.

2) *náktîr* acc. pl., gebildet nach dem synonymum *râtrir*.

3) *náktam* nom. sg. neutr. Die erklärung ist hier nicht so einfach. Man könnte denken an den einfluss des acc. sg. *náktam* und an den des neutralen *áha*. Die fälle des skr., die dem ansatze eines urspr. cons. stammes sich zu wiedersetzen scheinen, dürften somit erledigt sein. Was nun das abulg. *noštĩ*, lit. *nakits* anlangt, so zeigen sie wie alle cons. stämme in diesen sprachen den übertritt zur *i*-flexion, vgl. abul. *myšĩ*, lit. *dantis* u. a.

Das wort germ. *naht-* kann also mit vollem recht für die cons. decl. in anspruch genommen werden.

1) Consonantische formen.

Das germ. hat den cons. character des wortes sehr rein gewahrt, besonders das ahd.

Die urgerm. flexion war folgende (vgl. Kremer, beitr. VIII, 386):

	Singularis.	Pluralis.
nom.	*náh-s*	*náht-iz*
gen.	*naht-ós*	*naht-ŏm*
dat.	*naht-í*	*naht-mí*
acc.	*náht-um*	*náht-uns*

Dem entsprechen folgende formen:

Singularis.

nom. got. *naht-s*, ahd. *naht*, as. *naht*, afr. *næht*, ags. *neaht*, an. *nátt*; das *t* aus den casus obliqui wieder eingeführt.

gen. got. *naht-s*, ags. *neahtes*, vgl. Paul in beitr. VI, 47; Sievers ags. gr. § 284 anm., afr. *nacht-es*, as. *nahtes*, ahd. *nahtes*. Vgl. Paul, princ.[1] pag. 97: „diese altertümliche form des gen. hat sich im nhd. „*nahts*" erhalten, und zwar in der bedeutung eines zeitadverbiums, gestützt durch ähnliche formen von masc. substantiven, wie *tags*, *morgens, abends*, indem für das sprachgefühl des nhd. das *-s* als suffix für derartige zeitbestimmungen gilt". Neben diesem gen. erscheint ein zweiter an. *nǽttr*, ahd. *naht* der auf ein **náht-iz* hinweist, bei welchem man eine accentverschiebung anzunehmen hat[1]).

dat. got. *nahi*, ags. *niht*, afr. *nacht*, as. *naht* ahd. *naht*.
acc. an. *nótt*, ags. *neaht*, afr. *nacht*, as. *naht*, ahd. *naht*.

Pluralis.

nom. got. *nahts*, an. *nǽttr*, ags. *niht*, as. *naht*; ahd. *naht* eigentlich ein acc., da ja aber im westgerm. der acc. pl. meist die nom.-form hat, so können wir dies auch hier annehmen.
gen. got. *nahtê*, an. *nátta*, ags. **neahta*, as. *nahto*, ahd. *nahto*.
dat. an. *nóttum*, ags. **neahtum*, afr. *nachtum*, as. *nahtum*; ahd. dat. *nahtum*; mhd. *nahten* kann jedoch auch form der *i*-decl. sein, da *ht* den umlaut hindert, vgl. Paul, mhd. gr. § 210 anm. 2.
acc. got. an. ags. afr. as. ahd. mhd. die nom.-formen.

Zu den ags. formen ist zu bemerken: Diejenigen, welche lautgesetzlich den *i*-umlaut entwickelt haben, also dat. sg., nom. acc. pl., haben ihren einfluss auf die andern ausgeübt, so dass sich das *i* in der stammsilbe im ganzen paradigma festgesetzt hat, im g. dat. pl. das allein herrschende geworden ist. Vgl. Paul, beitr. VI, 48. Nur um das lautgesetzliche verhältniss klar zu machen, setzten wir oben den gen. dat. pl. mit *ea* an.

[1]) Die festsetzung des sog. freien idg. accentes auf die wurzelsilbe wird niemand als einen einheitlichen act ansehen wollen. Es muste eine periode des schwankens entstehen, in der sich bei einigen formen vielleicht schon der accent auf der wurzelsilbe festgesetzt hatte, während bei denselben formen anderer wörter noch die freie betonung herrschte. Zu der annahme nun einer früheren betonung der wurzelsilbe bei einigen genitiven, als bei der mehrzahl es der fall war, drängen mich ausser den genitiven an. *nǽtr* ahd. *naht* noch solche wie ags. *ʒês*, *ʒêl*, *bêc*, *brêc*, *cy êc*; an. *kýr*, *eikr*, *békr*; ahd. *burg*. Alle diese formen weisen entschieden auf ein *náht-iz* u. s. w. hin, und sie betrachte ich entgegen Paul (s. oben) als nachkommen der oben geschilderten früh fixirten wurzelbetonung.

Aehnliches gilt für das an. Das im acc. sg. dat. pl. lautgesetzlich entwickelte *ó* dringt wie im ags. das *i*, in die andern casus ein, so dass hier, wie bei den später zu behandelnden neubildungen, im ganzen pasadigma neben den *á*-formen *ó*-formen liegen und umgekehrt.

2) Neubildung nach *o*-declination.

Sie ist wol die älteste und verbreiteteste, bewirkt, worauf schon Scherer, zGd.² 573 hinweist, durch die häufige zusammmenstellung mit *dag-s*. Deren gab es allerdings hinlänglich genug. wie z. b., vgl. Graff II, 1019; V, 354, *tages unde nahtes, nahtes inti tages, tag unde naht;* oder as. *dages endi nahtes* etc., um den anlass dazu zu bieten. Waren hier die zusammentreffenden casusendungen gleich auf lautgesetzlichem wege, so war es das natürliche, dass bei verbindungen, in denen andere, ungleichartige casus zusammentrafen, dieselben gleich gemacht wurden. Ja wir haben sogar beispiele, in denen der cons. dat. *naht* seinen einfluss auf den voc. von *tag* im as. ahd. ausübte, so dass dieser jenem angepast wurde. So begegnen wir as. in Conf. 51. der verbindung: *so an dag so an nahta*, wobei allerdings auffällig ist, dass beide wörter ihre flexion gleichsam getauscht haben; sodann Ps. 54, 11: *an dag inde an naht;* und im ahd. Tat. 174, 6 *in themo tag*.

Solche verbindungen konnten ihren einfluss auf andere casus nicht verfehlen, und so haben wir denn als älteste derartige wirkung zu verzeichnen den got. dat. pl. *nahtam*, den Scherer zGd.² 572 freilich für cons. hält; ja sogar in der composition finden wir *o*-formen so in got. *nahta*-mats. Aus dem ahd. wäre anzuführen der dat. sg. *nahte*, und zwar schon aus dem 8. jahrh. (II. 16), aus dem as. der schon erwähnte dat. sg. *nahtu*, aus dem afr. gleichfalls der dat. sg. *nachta, nachte* und der acc. pl. *nachta*.

3) Neubildung nach fem. *â*-decl.

Diese bildungsweise wird vom an. und ags. bevorzugt, und hier ist wol die stellung des wortes als fem. massgebend gewesen, ausserdem decken sich ja auch nom. acc. sg., gen.

3*

dat. pl. mit den formen der *â*-decl. So finden wir im an. die formen gen. sg. *náttar, nóttar,* dat. sg. *nótt, nóttu;* im ags. gen. dat. sg. *nihte.*

4) Neubildung nach *i*-flexion.

Auf ihre veranlassung haben wir schon in der einleitung hingewiesen, es war die übereinstimmung des n. acc. sg. *naht* mit *anst* im ahd. Ebenso haben wir die hierher gehörige got. form schon erwähnt, die sich allerdings nur auf die übereinstimmung der nominative stützen kann, es ist der acc. sg. *naht.*

Aus dem ahd. sind anzuführen:

gen. sg. *nahti* H. 1.
dat. sg. *nahti* H. 25.
dat. pl. *nahtim* H. 5.

Der gen. sg. auf *i* findet sich sodann hier wie im as. noch in der zusammensetzung *nahti-gala,* sodann begegnet ein as. dat. sg. Ps. 18, 2 *nahti.*

5) Neubildung nach *n*-flexion.

Schliesslich ist es wieder das fries., das uns eine form nach *n*-declin. bietet, in einem acc. pl. *nachten.*

	got.	an.	ags.	afr.	as.	ahd.
nom.	nahts	nátt	neaht	næht	naht	naht
gen.	nahts		neahtes	nahtes	nahtes	nahtes
	nǽttr					naht
	náttar	nihte				
	(fem. â)	(fem. â)				*nahti* (i)
dat.	naht		niht	naht	naht	naht
	nótt, nóttu	nihte(f.â)				
	(fem. â)					
					nachta (o) *nahta* (o) *nahte* (o)
					nahti (i) *nahti* (i)
acc.	naht	nótt	neaht	nacht	naht	naht

	Pluralis.					
nom.	nahts	nættr	niht	naht	naht	naht
gen.	nahtê	nåtta	nihta		nahto	nahto
dat.		nóttum	nihtum	nachtum	nahtum	nahtum
acc.	*nahtam* (o)					*nahtim*(i)

nom.-formen.

nachten (n)
nachta (o)

IX. **breust-, brust.*

Das german. wort fur *pectus* begegnet uns in zwiefacher wurzelgestalt. Auf der einen seite stehen got. *brusts* pl. fem., ahd. mhd. *brust*, afr. *brust, burst* f.; auf der andern an. *brjóst* n., as. *breost, briost* n., ags. *breost* n., f., afr. *briast* f. Wir sehen daraus, dass das wort stammabstufend war, und die einen dialecte die starke form wählten, germ. **breust-*, die andern die schwache **brust-*, einer, der afr., beide nebeneinander wahrte. Das sächliche geschlecht findet sich nur bei der starken form, im ags. neben dem weiblichen; das weibliche eignet der schwachen im got. und ahd. und der starken im afr.

Welches war nun die urspr. flexion und das urspr. geschlecht dieses wortes? Kluge in beitr. VIII, 510 giebt darauf folgende antwort. Zunächst weist er darauf hin, dass *brusts* im got. pluraletantum ist, im as. wahrscheinlich, ferner auf die grössere häufigkeit der pluralformen im ags. vor den singularformen. Sodann erklärt er die nominative pl. an. *brjóst*, ags. *breóst*, as. *briost* für alte dualnominative urgerm. **breustô*, nimmt wegen gleichheit der formen mit neutralen nominativen pl. genuswechsel an, der dann mit samt der flexion in den sing. übertragen wurde.

Kluge nimmt also dualflexion an und hält für das urspr. geschlecht das weibl. Auch der gen. pl. würde nach seiner auffassung als ein gen. dual. angesehen werden können: an. *brjósta*, ags. *breósta* = urgerm. **breustô(z)*, idg. **bhreustaus* (vgl. Kluge a. a. o. 509).

Trotzdem erscheint mir, wie ich gestehen muss, diese
ganze theorie Kluges unwahrscheinlich. Das griech. und kelt.
weisen doch wol darauf hin, dass für die cons. stämme die
urspr. endung des nom. dual. ĕ war, und dass demgemäss das
skr., auf das Kluge sich stützt, bei diesen stämmen eine über-
tragung von den o-stämmen hat eintreten lassen.[1]) Da uns
nun im germ. keine reste cons. dualflexion erhalten sind, so
genügt das wenige, was Kluge a. a. o. beibringt, meiner ansicht
nach keineswegs fürs urgerm. etwa eine so weit gehende ab-
weichung von der urspr. flexion anzunehmen. Dass innere
wahrscheinlichkeit bei diesem wort für dualflexion spricht, will
ich nicht läugnen; so lange aber die formale schwierigkeit
nicht überwunden ist, kann ich mich nicht dazu verstehen, in
den von Kluge angeführten formen hier reste dieser flexion zu
sehen. Will man durchaus reste von dualflexion im german.
finden, so könnte man eher an ahd. *turi* denken, das einem
*dhure entsprechen würde. Ich halte also daran fest, dass das
wort, worauf der got. nom. pl. deutlich hinweist, einen ur-
sprünglichen pluralis hat. Freilich vermag ich den übertritt in
das neutrale geschlecht nicht vollständig zu erklären. Dass
das geschlecht des wortes urspr. das weibliche war, dafür
zeugen got. ahd. mhd. afr. ags.

Für das ags. könnte man annehmen, dass die *o*-decl. erst
auf den sing. wirkte, und alsdann der übertritt in das neutrale
geschlecht eintrat, da das wort das aussehen eines fem. verloren hatte. Weshalb aber dieses geschlecht und nicht das
männliche gewählt wurde, vermag ich nicht zu sagen. Für
as. könnte man denselben weg annehmen, jedoch sind hier
ausser dem zweifelhaften acc., der auch pluralcasus sein kann,
für den sing. keine formen belegt. Für das an. aber, reicht
wie wir sehen werden, dieser erklärungsversuch nicht aus.

1. Consonantische formen.

Singularis.	Pluralis.
nom. *breúst*	*bréust-iz*
gen. *brust-ós*	*brust-ōm*

---

[1]) Vgl. jetzt R. Meringer Kuhns zschrft XXVIII, 236, der auf spuren
des alten duals auf *e* = skr. *a* im R. V. hinweist und auch spuren alter
duale in der germ. syntax finden will.

Singularis. Pluralis.
dat. *brust-i* *brust-mi*
acc. *bréust-um* *brúst-uns.*

Ueber die verschiedene verteilung der stammformen haben wir schon gesprochen und brauchen dieselbe daher nicht weiter zu berücksichtigen. Folgendes sind nunmehr die erhaltenen cons. formen:

Singularis.

nom. ags. *breóst*, afr. *briast*, ahd. *brust*. Das *t* wie s. 33 bei *nahts* aus den casus oliqui wieder eingeführt.
gen. ags. *breóstes*.
acc. an. *brjóst*, ags. *breóst*, afr. *briast*, ahd. *brust*, as. *briost?*
instr. ahd. *prustu*.

Pluralis.

nom. got. *brusts*.
gen. an. *brjósta*, ags. *bréosta*.
dat. an. *brjóstum*, ags. *breóstum*, as. *breostum, briostum*, afr. *briastum, burstum*, ahd. *prustum, bruston*.
acc. got. die nom.-form.

2. Neubildung nach *o*-declination.

Sie ging aus im ags. vom nom. acc. gen. sg., gen. dat. pl. Für das an. bieten sich nur gen. dat. pl., die nicht ganz ausreichend zur erklärung erscheinen, wenn man nicht hier den umgekehrten weg annehmen will, dass erst der nom. acc. pl. darnach neu gebildet wurde und dann von diesem plural aus sich der sing. umgestaltete.

Singularis.

nom. an. *brjóst*.
gen. an. *brjósts*.
dat. an. *brjósti*, ags. *breóste*.

Pluralis.

nom. an. *brjóst*, ags. *breóst*.
acc. an. ags. die nom.-formen, as. *briost?*

3. Neubildung nach fem. *â*-declination.

Hier ist vor allem von einfluss gewesen das weibliche geschlecht des wortes, welches es bewirkte, dass das wort sich den langsilbigen femininen auf *â*- anschloss.

Gen. sg. ags. *breóste*. Da das ags. nach Ettmüller überhaupt ein doppelparadigma entwickelt hat, das eine *breóst*, gen. -*es* n., das andere *bréost*, gen. -*e* f., so erwähnen wir die übrigen casus nicht mehr.

ahd. *bruste*.
dat. sg. afr. *briaste*.
acc. pl. afr. *braste*.

4. Neubildung nach *u*-declination.

Die ausgangspunkte sind hier wie schon öfter acc. sg. *brustum, dat. pl. *brustum*, acc. pl. *brustuns.
dat. sg. ahd. *brusti*.
nom. acc. pl. ahd. *brusti*.
gen. pl. ahd. *brustio*.

5. Neubildung nach *i*-declination.

dat. pl. ahd. *brustin*, veranlasst durch die casus der u-decl.

6. Neubildung nach *n*-declination.

n. pl. afr. *bursten*.

Singularis.

	got.	an.	ags.	afr.	as.	ahd.
nom.		*brjóst* (n. o)	breóst	briast		brust
gen.		*brjósts* (n. o)	breóstes			*bruste* (f. â)
dat.		*brjosti* (n. o) *breóste* (n. o) *breóste* (f. â) briaste		(fem. â)		*brusti* (u)
acc.		brjóst	breóst	brust		brust
instr.						prustu

	an.	ags.	afr.	as.	ahd.
nom.	brusts *brjóst* (n. o)	*breóst* (n. o)		briost	neutr. (o) *brusti* (u)
gen.	brjósta	breósta	*bur-sten* (n)		*brustio* (u)
dat.	brjóstum	breóstum	briastum	briostum	prustum
	nom.-form.				*brustin* (i) nom.-form
			braste (fem. â)		

X. *burg*-.

Dass dem gesammten germ. angehörige wort für die stadt, oder was ja in alten zeiten dasselbe war, für die befestigte stadt, gehört ebenfalls zu den cons. flectirenden wörtern. Das got. ags. und afr. haben diese declination sehr rein erhalten und wir gehen, da keine vorbemerkungen nötig scheinen, gleich zu derselben über.

1. Consonantische formen.

Als urgerm. declination ist anzusetzen:

Singularis.	Pluralis.
nom. *búrg-s*	*búrg-iz*
gen. *burg-ós*	*burg-ōm*
dat. *burg-í*	*burg mí*
acc. *búrg-um*.	*búrg-uns*

Die entsprechenden formen sind nun folgende:

Singularis.

nom. got. *báurgs*, ags. *burz*, *burh*, an. *borgr*, afr. *burch*, *burich*, as. *burg*, ahd. *purc*.

gen. got. *baúrgs*, afr. *burgis*, as. *burges*. Daneben ein ahd. gen. sg. *burg*, wie oben *naht*, und ein ags. *byrʒ*, *byriʒ*.

dat. got. *baúrg*, ags. *byriʒ*, afr. *burch*, as. *burg*, ahd. *burg*. Der ags. dat. sg. *burh* (Sievers beitr. IX, 250) kann vielleicht, da das wort auch nach Sievers ags. gr. nach der *i*-decl. flectirt als contaminationsbildung von *burge und byrig aufgefasst werden.

acc. got. baúrg, ags. burʒ, an. borg, afr. burch, as. burg, ahd. burg, puruc.

Pluralis.

nom. got. baúrgs, ags. byriʒ.
gen. got. baúrgé, an. borga, ags. burʒa, as. burgo, ahd. burgo.
dat. an. burgon, ags. burʒum.
acc. got. ags. nom.-form.

2. Neubildung nach *i*-declination.

Auf die veranlassung dieser bildungen haben wir, ebenso wie bei naht, schon in der einleitung hingewiesen. Wir finden sie im got. ahd. as., und zwar in folgenden formen:

Singularis.

gen. ahd. burgi.
dat. ahd. burgi, as. burgi.
acc. got. baúrg.

Pluralis.

nom. acc. ahd. burgi, as. burgi. an. borger.
gen. ahd. purikio, as. burgeo.
dat. got. baúrgim, ahd. burgin.

Und, da die *i*-desl. besonders im as. häufig in die *jo*-decl. übertritt, so setzen wir auch gleich den as. dat. pl. burgion hierher.

3. Neubildung nach fem. *â*-declinatinn.

gen. sg. an. borgar, ags. burge. Die ags. form wäre vielleicht in anbetracht der andern dialecte zu den *i*-bildungen zu stellen, vom spec. ags. standpunkt aus aber möchte ich sie lieber hier einreihen, indem ich annehme, dass die bildung ausging vom nom. acc. sg. gen. dat. pl., die wie formen langsilbiger feminina auf *â*-aussahen. Dieselben casus veranlassen auch im an. die neubildung.

dat. sg. an. borgu.

Anknüpfend an dieses paradigma wollen wir noch auf einige cons. feminina hinweisen, die aufgeführt werden in Stamm-Heyne Ulfilas pag. 289, und die, so weit wir sie nicht besonders behandelt haben, hier eine stelle finden mögen. Sie zeigen übergang zur *i*-flexion, weshalb Stamm-Heyne einen nebenstamm auf *i*- ansetzen, vgl. auch Braune, got. gr. § 106. Es sind: *alhs* „tempel", *spaurds* „rennbahn", *dulp-s* „fest", *mitap-s* „mass". Bei *raihts*, „sache", ags. *riht*, *ruht*, das auch n. geworden, an. *vættr*, settener *vettr*, in zusammensetzungen *-vitr*, vgl. Noreen, altisl. gr. § 304,1: ahd. *riht* n. weist Paul, beitr. VI, 81 alten wechsel zwischen *e* und *i* nach; das *i* hat die herrschaft in *riht* erlangt, wegen des übertritts zur *i*-flexion. Sodann hat das ahd. as. erhaltene cons. formen in gen. sg. ahd. *ni-wihtes*, as. *wihtes*; instr. sg. ahd. *wihtu*, gen. pl. ahd. *rihto*; acc. pl. *wiht*; vgl. Graff I, 730. Ferner hat das an. den n. acc. pl. *vetr* vom nom. -*vitr*.

Aus dem got. gehört weiter hierher *miluks* f. „milch". Im an. sind cons. der gen. sg. *mjelkr* (vgl. *nættr*), n. acc. pl. *mjelkr*, gen. pl. *mjalka*, dat. pl. *mjolkom*. Im sing. geht es nach fem. *â*-decl. Im ahd. zeigt es spuren alter stammabstufung in n. sg. *miluh*, dat. sg. *milihi*, *milehe*.

Ferner sei an dieser stelle noch erwähnt mit übertritt des sing. in die fem. *â*-decl., an. *hnot*, ags. *hnutu*: pl. *hnøtr*, *hnota*, *hnutum*; *hnyte*; sodann an. *stoð*, pl. *stoðr*; vgl. Kluge, beitr. VIII, 508; Sievers IX, 249 ff. Weitere vereinzelte formen cons. decl. findet man bei Sievers a. a. o., auf die ich hier, soweit sie nicht berührt sind, verweise.

Singularis.

	an.	ags.	afr.	as.	ahd.
nom. *baúrgs*	borgr	burʒ	burch	burg	purk
gen. *baúrgs*			burgis	burges	
		byrʒ, byriʒ			burg
	borgar	burʒe			
	(fem. â)	(fem. â)			
					burgi (i)
dat. *baúrg*		byriʒ	burch		
	borgu			*burgi* (i)	*burgi* (i)
	(fem. â)				
acc.	borg	burʒ	burch	burg	burg,
baúrg (i)					purnc

Pluralis.

	got.	an.	ags.	afr.	as.	ahd.
nom.	baúrgs	borgen(i)	byriʒ		burgi(i)	burgi
gen.	baúrgê	borga	burʒa		burgo	burgo
					burgeo(i)	purikio (i)
dat.	baúrgim	borgum	burʒum			burgim(i)
acc.					burgiun(io)	

nom.-formen.

XI. Einfluss der cons. feminina *naht, brust, burg* auf feminina der *i*-declination.

Wie wir gesehen haben, war es besonders die *i*-flexion, welche, zum teil im gefolge der *u*-flexion, auf die letzte gruppe der cons. feminina wirkte. In folge dessen trat eine wechselwirkung ein, ähnlich wie wir sie im an. ags. bei *mús* etc. und femininen der *â*-declination sahen; vgl. Scherer, zGd.[1] 439. Der pluralis nämlich der wörter *naht, brust, burg*, trug, durch den einfluss der *u*- und *i*-flexion ganz das gepräge eines pluralis nach *i*-decl. Die ganze flexion aber dieser wörter zeichnete sich vor der der feminina nach *i*-declination dadurch durch grössere deutlichkeit aus, dass der sing. mit seinen formen gen. dat. *naht*, gen. *burg* und mit den wol nur zufällig nicht belegten dat. *burg, gen. dat. *brust einen scharfen gegensatz zum plur. bildete, in jener zeit als sich der umlaut entwickelte. Bei einer flexion wie n. sg. *kraft*, gen. *krefte*, dat. *krefte*, acc. *kraft* sahen der gen. dat. sg. genau so aus wie der nom. acc. pl. Dort aber schien der umlaut das plural bildende element zu sein. So kam es denn, dass die flexion dieser kleinen classe lebenskräftig wurde und aus gründen der deutlichkeit einen einfluss auf die viel grössere der feminia nach *i*-decl. erlangte. Diese wirkung zeigt sich schon in ahd. zeit, und ich vermag folgende wörter, die sich nach jener analogie richten, anzuführen.

Seiler, benedict. regel, in beitr. I, 437:

deoheit, werolt, kewonaheit, teilnumft, êht, vielleicht *anst.*

Graff, ahd. sprachschatz:
chluft, kanist, saat, houistat, giwald, werlt.

In mhd. zeit steigert sich die zahl flexionsloser genitive dative sing. ohne umlaut, vgl. Weinhold, mhd. gramm. § 452, und zwar weil noch eine analogie wirkte. Bei den femininen nämlich der *â*-decl., welche auf *l* oder *r* endigten, fiel wie allgemein im mhd. üblich, das stumme *e* hinter diesen consonanten aus, so dass eine form wie *zal* oder *schar* z. b., durch den ganzen singularis durchging.

Es trat so eine grosse anzahl von wörtern zu jenen dreien hinzu, in denen der singular flexionslos erschien mit unumgelautetem vocal der stammsilbe. Natürlich muste die analogie nun um so stärker wirken. Von folgenden wörtern nun, die ich den wörterbüchern von Benecke-Müller und Lexer entnehme, finden sich derartige genitive, dative sing. von fem. der *i*-decl., zuweilen nur der gen., zuweilen nur der dat., fast immer aber die alten formen mit umlaut und endung daneben:

kluft, kraft, auch as. Hel. dat. sg. kraft, *kumft, nôt-durft, heit, louft, huf, gift, gir, gluot, maht, ge-nist, nôt, ge-numft, nôt-numft, bluot, brunst, ki-pulaht, burt, ge-burt, schaft, schiht, schrift, sicht, slaht, stat, suht, sût, tât, dult, vart, vluht, vol-leist, vluot, vrist, vûst, walt, wât, werlt, mite-wist, zît, zuht, zumft, diet.*

XII. Germanisch *bôk.*

Eine fülle von formen tritt uns im germ. entgegen, die bald im sg. „buchstabe" im pl. „buch"; bald im sg. „buch", im pl. „bücher" bedeuten, bald "buche" und „buch", bald feminen, bald neutralen, ja auch masculinen geschlechts sind. Um nun dem urspr. auf die spur zu kommen, will ich zunächst eine übersicht der verschiedenen wörter geben.

got. *bôka* f. sg. „buchstabe", pl. „schrift, buch, brief".
vadja-bôkôs f. pl. „pfandbrief, handschrift".
bôk n. „buchstabe", pl. „schrift, buch".
an. *bók* f. „buch, buche".
ags. *bôc* „buch, buche".
bêce „buche".

as. *bôk* f. n. sg. „buchstabe". auch pluraletant. ‚buch".
afr. *bok* f., n.
aniederf. *buok* n. „buch".
ahd. *bôh,* gewöhnl. n., aber auch m. (T. 18, 1. K. 48. gl. K.) und f. Im plur. gewöhnl. die hlg. schrift, auch wird der plur. zur bezeichnung eines einzelnen buches gebraucht. Graff III, 32.

Welches war nun die ursprüngliche form und flexion dieses so verschiedenartig erscheinenden wortes? Schon früher ist darauf hingewiesen, dass man bei einem durcheinander von formen nach cons. und voc. declination meist die erste als die ursprüngliche ansehen kann, wofern nicht zwingende gründe zu einer anderen annahme führen.

Hier nun nötigen zahlreiche formen in den verschiedensten dialecten, sowol des sing. wie des plur. entschieden zu der annahme einer urspr. cons. flexion. Wenn Kluge, beitr. VIII, 512 anm. 12 für wahrscheinlich hält, dass dem ahd. ags. nom. sg. *bôk, bôc* der got. nom. pl. neutr. *bôka* von *bôk* n. zu grunde liegt, so wäre es doch zu verwundern, dass sich im ags. ein gen. dat. sg. nach cons. decl., dem an. formen entsprechen, findet, anstatt, wie man doch vermuten müste, wenn der angenommene vorgang der richtige wäre, eines gen. dat. sg. nach *o*-decl., vgl. auch Kluge etym. wtb.

Mir erscheint der vorgang in anderm lichte. Die etymologie, welche Kluge in seinem wtb. von „buche" gibt, indem er es mit gr. φαγεῖν- : φηγός zusammenstellt, also ein „baum mit essbarer frucht" erscheint mir plausibel. Diese essbare frucht nun nannten die germanen *bôk-;* den baum, der sie trug *bôkâ-;* das eine war ein wurzelnomen, das andere mit secundärsuffix *â* abgeleitet; vgl. Zimmer, nominalsuff. *a* und *â* pg. 282. Als nun die germanen die runenschrift kennen lernten, erschienen ihnen die stäbe der buche als das geeignetste object, um ihre zeichen darauf zu ritzen. Sie nannten daher diese stäbe entweder „buchenstab" oder sie übertrugen die bezeichnung des einen products der buche auf das jetzt in den vordergrund ihrer cultur tretende.

Den begriff, den wir jetzt mit „buch" verbinden, lernten sie erst später kennen und bezeichneten ihn entweder als eine

menge von buchstaben mit dem pluralis. oder aber sie
bildeten mit dem auch collective bildenden secundärsuffix
a ein neutr. vgl. Zimmer a. a. o. 208 ff. Ausserdem wurde
auch der ganze baum für den stab gesetzt — vgl. gr.
βοῦς für schild —, wie im gotischen, so dass *bôkâ* auch gleich
bôk- gesetzt wurde. Dass bei diesen so zahlreich nebeneinander hergehenden stämmen eine vermischung im gebrauch
und in der flexion eintrat, war unausbleiblich. Masculine
formen, die im ahd. begegnen, haben ihren ursprung wol in
dem neutrum. Gleichwol hat sich eine beträchtliche anzahl
cons. formen erhalten. Da ich nun genugsam gezeigt zu haben
glaube, auf welche weise die neuen voc. formen an stelle der
alten cons. traten, so will ich mich hier wie fernerhin mit
einer aufzählung der formen nach cons. declination begnügen,
um nicht ermüdender breite anheim zu fallen.

Singularis.

	got.	an.	ags.	afr.	as.	ahd.
nom.	bók	bôc	bók	bók	buoh
gen.	békr	bêc, boec (Sievers, beitr. IX, 250).	—	—
dat.		bêc	bók	—	—
acc.	bók	bôc	bók	bók	buoh

Pluralis.

	got.	an.	ags.	afr.	as.	ahd.
nom.	békr	bêc	bók			poah (gl. K. 57, 5)
gen.	bóka	bôca	—	—	poahho
dat.	bókum	bôcum	bókon	bókum	buohhum
acc.			(boecum mit übertragung des umgelauteten vocals) nominativformen.			

XIII. *dur-*.

Eine ähnliche fülle von stämmen und geschlechtern, wie
wir sie bei *bôk-* gesehen haben, finden wir auch in den zu
der wurzel idg. *dhwer* : *dhur* gehörigen germanischen wörtern.
Auch hier will ich eine übersicht voranstellen;
   got. *daúr* n. „tor, tür",
   daúro f., im pl. für ϑύρα „tor, tür",

auga-daúro sw. n. ϑυρίς „fenster";
faura-daúri u. πλατεία „platz vor der tür".
- an. *dyrr* f. pl. „tür".
- ags. *duru* f. ostium, ianua,
  dure, -an f.
  dur, -es n.
- afr. *dor*
- as. *dura* f. „tür"
  dor n. „tor"
- ahd. *turi* f. „tür"
  tura f.
  tor n. „tor"
  turri n.
  turra (f.?)

Das germ. hat nur die tiefstufe **dur-* gewahrt, die auch das skr. bietet in dem vedischen n. pl. *dúras*. acc. pl. *dúras*, *durás*, vgl. Lanmann, the Noun Inflection of the Veda, pg. 487, gr. ϑύρ-δα, lit. *durys*; vgl. Brugmann, Curtius stud. IX, 394.

Der brauch des got. u. an. scheint darauf hin zu weisen, dass das wort ursprünglich pluraletantum sei. Diese meinung wird gestützt durch die lat. formen *forīs*, das einem nom. pl. **dvores* entsprechen würde, und zum singular geworden ist, sowie durch die adverbia *foris* und *forās*, von denen das eine einem dat. loc., das andere einem acc. pl. gleich wäre. Ausserdem bietet der rgveda nur dual- und pluralformen dar, während die singularformen erst im atharva-veda erscheinen. Gleichwol ist noch vieles dunkel und harrt der aufklärung. Vorläufig bleibe ich daher noch bei der alten auffassung von Sievers, beitr. V, 111 anm., und setze mit ihm als ursprüngliche declination fürs germ. an:

Sg. n.	*dur*	Pl.	*dur-iz*
g.	*dur-os*		*dur-ōm*
d.	*dur-i*		*dur-mi* (Sievers -um)
acc.	*dur-um*		*dur-uns*

Sievers erklärt nun a. a. o. das got. *daúr* n. etc. aus dem nom. sg., gen. pl., das ags. duru aus dem acc. sg., dat. acc. pl., das ahd. *turi* aus dem nom. pl., loc. sg. Die erklärung der ahd. und ags. form nun erregt bei mir kein bedenken, da ich hier wieder wie bei *fōt-*, *tanþ-* neubildung des dat. pl. nach andern cons. wörtern annehme. Wol aber genügt mir die erklärung nicht für das neutrum got. *daúr*, ahd. *tor*, as. *dor*, afr. *dor*. Wie kamen die westgermanischen formen zu ihrem *o* wenn **dur* und **duròm* die quelle ihres ursprungs waren? Mir scheint, man muss hier direct eine secundärbildung mit suffix *o* annehmen. Die bedeutung weist hier den richtigen weg. Unter „tor" versteht man im unterschied von „tür" die pforte eines grösseren gebäudes, meist aus zwei flügeln bestehend. Sollte also nicht hier das collectiva bildende secundärsuffix *o* vorhanden sein über das Zimmer a. a. o. pg. 207 ff. handelt? Mir erscheint dies wahrscheinlich und die schwierigkeit so am einfachsten gelöst. Ausserdem begegnen noch bildungen auf *-on-*, *-er-*, im got., auf *-â*, *jò-* und *jà-* im ahd., auf *ôn* im ags., *â* im as. Auf alle diese stämme und formen des näheren einzugehen. liegt ausserhalb des bereiches meiner abhandlung. Ich führe daher nur in kürze die formen an die cons. character gewahrt haben:

an. nom. acc. pl. *dyrr*, g. *dura*.
ahd. gen. pl. *duro* O. IV, 18, 6.

Ferner die neubildung:

dat. pl. an. *durum*, ahd. *turum*, as. *durum*, afr. *durum*.

XIV. *kô-*, *kû-*.

Ueber die vocaldifferenz, die sich in den einzelnen dialecten, bei dem wort für „kuh" findet, haben in einer ausführlichen polemik gehandelt J. Schmidt in Kuhns ztschrft. XXV, 17 ff., XXVI, 1 ff. und Paul in beiträgen VIII, 212 ff., auf die ich hier verweise. Im wesentlichen schliesse ich mich Pauls ausführungen an, d. h. ich setze an. *kýr*, afr. *ku*, ags. *cû* = germ. **kû-z*; ahd. *chuo*, aniederf. *kô* = germ. *kô-z*.

Das erste entspricht dem im veda in zusammensetzungen vorkommenden schwächsten stamm *gu-*, resp. der zu erschliessenden nebentonigen tiefstufe *gū-*, das zweite den nominativlängen skr. *gós*, gr. βῶς; vgl. noch Kluge in beitr. VIII, 336; an. *kýr* erscheint mir also hervorgegangen aus **kûz*, der nom. pl. aus *kú-iz*. Im an. finden wir noch vollkommen cons. flexion, der das ags. im wesentlichen entspricht.

Singularis.

	an.	ags.
n.	kýr	cû
g.	kýr	cŷ, cûs
dat.	kú	cŷ
acc.	kú	cû

Pluralis.

n.	kýr	cŷ, cŷe
g.	kúa	(cûna)
d.	kúm	cûm
a.	kýr	cŷ, cŷe.

Dazu stellt sich das afr. *kû*, das im sg. ganz flexionslos geworden ist, mit seinem nom. pl. *ky*.

Das ahd. hat keine cons. form bewahrt, aus dem aniederf. wäre nur zu erwähnen dat. plur. *cuon* aus **cuom*, die directe fortsetzung von germ. **kô-mi* resp. *kû-mi* sein könnte.

Schliesslich möge im anschluss an das eben behandelte wort erwähnt werden, dass im an. auch das wort für die „sau" *sýr* die cons. flexion gewährt hat und genau so flectirt wie *kýr*, beide wörter wol einander stützend.

XV. brôk-.

Zu den wörtern mit cons. endenden stamm gehört ferner germ. *brôk-*, das Kluge etym. wtb. mit recht für das germ. in anspruch nimmt, entgegen der ansicht, dass es aus dem lat. oder kelt. entlehnt sei.

Das an. *brók* f. zeigt im sg. übertritt in die fem. *â*-declination, n. acc. pl. *brókr*, g. *bróka*, dat. *brókum*.

ags. *brôc*, gen. sg. *brêc*, n. acc. pl. *brêc*, mit gleichem übertritt in den andern casus.

ahd. hat die cons. formen n. acc. pl. *pruoh*, dat. *pruohhum*. Ein n. sg. *bruohha* zeigt die form, die urspr. dem acc. sg. der fem. *â*-decl. eignet.

XVI. aik-.

Als letztes wort möge noch kurz erwähnt werden germ *aik-* „die eiche". Im ags. und an. flectirt es ganz wie *bôc*. In den übrigen dialecten ist der übertritt in die fem. â-decl. erfolgt, vgl. Sievers, beitr. IX, 250.

C. URSPR. VOCAL. STAMM.
XVII. manu-.

Zur behandlung möge hier noch ein wort kommen, das nach ausweis des skr. ursprl. der voc., und zwar der *u*-decl. zu zurechnen ist. Ich meine das dem skr. *manu-sh* entsprechende germ. wort **manu*, das in einigen casus scheinbar cons. character erhielt, und dann andere cons. nachbildungen erlitt.

1. Formen nach *u*-declination.

nom.	**mán-u-s*	**man-éu̯-es*
gen.	**man-u̯-ós*	**man-u̯-ŏ́m*
dat.	**man-u̯-í*	**man-u-mi*
acc.	**mán-u-m*	**mán-u-ns*

Dass man die casus **man-u̯-ós*, *man-u̯-í*, *man-u̯-ŏ́m* ansetzen kann, hat A. Kuhn in seiner ·zschrft. II, 460 ff. nachgewiesen; vgl. auch Paul in beitr. IV, 116 anm.

Der verlauf der entwicklung war nun folgender. Durch die assimilation von *nu̯* zu *nn* erschienen der gen. dat. sg., gen. pl. als cons. formen. Diese sind erhalten in:

gen. sg. ahd. *mannes* (*mannis*), as. *mannes*, ags. *mannes*, got. *mans*, afr. *mannes*, *-is*, mhd. *mannes*.

dat. sg. ahd. *man*, mhd. *man*, as. *man*, ags. *men*, afr. *mon* (selten), got. *mann*.

gen. pl. ahd. *manno*, mhd. *manne*; as. *manno*, ags. *manna*, got. *mannê*, an. *manno*, *manna*, afr. *monna*.

Der dat. pl. muste westgerm. auf lautlichem wege zu **manum* werden, ebenso im an., wenn auch hier erst in spätrer zeit bei lang- und mehrsilbigen das *i* apokopirt wird; das zweite *n* drang wol aus den anderen casus, in denen es lautlich entwickelt war, ein. got. *mannam* ist neubildung und daher weiter unten zu erwähnen. ahd. *mannum, -om*, mhd. *mannen*, as. *mannon*, ags. *mannum*, an. *monnum*, afr. *mannum, -em, -en*; vgl. Kögel, gl. K. 170; der ahd. den gen. dat. pl. für zweideutig hält.

2. Neubildung nach cons. decl.

Die alten *u*-formen nun, in denen *nn* regelrecht stand, übten ihren einfluss auf das paradigma, vgl. Paul, beitr. VI, 116 anm., indem das *nn*, das im dat. sg., weil im auslaut befindlich, wieder zu *n* geworden, in die übrigen casus eindrang und diese veranlaste, die alte voc. bildung zu verlassen. Zu dem gen. pl. wurde ein neuer nom. gebildet: **mann-ez, *mann-iz*, der erhalten ist in: ahd. mhd. nom. acc. pl. *man*, as. *mann*, got. *mans*, an. *menn, meðr*, afr. *mon, men*.

Ebenso wurde der n. acc. sg. mit ausnahme des got. nach analogie der cons. stämme gebildet. ahd. *man*, mhd. nur der nom. *man*, as. *man*, ags. *man*, an. *man, maðr*, afr. *mon, man*.

3. Neubildung nach *n*-declination

Wir gehen nunmehr zu den einzelsprachlichen neubildungen über.

Das got. hat sich ebenso wie das ags. ein vollständig neues paradigma nach der *n*-decl. geschaffen. Nach einer mündlichen mitteilung, die herr prof. Osthoff die güte hatte mir zu kommen zu lassen, wäre der ausgangspunkt für diesen übertritt im got. vielleicht in genitiven plur. wie *abne, *gumne = manne* zu suchen, von wörtern, die gleichfalls „mann" bedeuten — also auch hier wieder der einfluss der bedeutungsähnlichkeit, auf den wir schon öfter hingewiesen haben — und der *n*-decl. angehören. Im ags. könnte der dat. plur. auf *-um* von diesen und ähnlichen wörtern, vielleicht die veranlassung gewesen sein.

Im ahd. finden wir für den acc. sg. den gleichen übertritt, und zwar schon in gl. K., sodann bei Otfr. Tat. (vgl. Graff II, 732) — *mannan*, mhd. *mannen*; mhd. gen. pl. *mannen*, as. dat. sg. *mannin*. Da dieses substantiv so häufig in pronominaler bedeutung gebraucht wird, so liegt es nahe, hier an den einfluss einer form wie etwa *inan* zu denken.

Sonst habe ich weder im westgerm. noch an. formen der *n*-decl. gefunden.

4. Neubildung nach *o*-declination.

Auch diese neubildung ist nicht selten, ausgehend vom nom. acc. gen. sg., gen. dat. pl. Das ahd. bietet den dat. sg. *manne, manna (menne* N, 32, 8); n. pl. *mana*, mhd. *manne*, as. dat. sg. *manna, manne;* Conf. 55. an. gen. dat. sg. *manns, manni*. In seiner alt-isl. gramm. § 326 sagt Norreen, *maðr* habe sich nach *nagl* gerichtet, er übersieht aber dabei, dass *nagl* seinerseits, wie ich gezeigt zu haben glaube, seinen plur. nach dem von *fótr* gebildet hat. Sodann haben sich seiner ansicht nach die völkernamen wie *Eistr* pl., *Vindr* pl., *Jamtr* pl., nach *fótr* gerichtet, während ich wegen ihrer bedeutungsverwandschaft sie lieber zu *meðr* ziehen möchte. Verbindungen wie *Vindr meðr* etc. lassen sich sehr wol denken und sie mögen wol die veranlassung dazu gewesen sein, die bildung jener pluralia zu beeinflussen.

Im mhd. bewirken die scheinbar flexionslosen casus nom. sg., dat. sg., nom. acc. pl., dass auch in dem gen. sg., gen. dat. pl. die form „*man*" eindringt, so dass sich, abgesehen vom acc. sg. „*mannen*", im sg. die unflectirte form durch das ganze paradigma hindurch zieht. Ausserdem findet sich auch ein nom. pl. *menner*, acc. sg. *manne;* vgl. Weinhold, mhd. gr. s. 416.

Singularis.

	got.	an.	ags.	afr.	as.	ahd.
nom.		*man,-ðr* (cons.)	*mon* (cons.)	*mon* (c.)	*man* (c.)	*man* (cons.)
	manna (n)		*mona* (n)			
gen.	*mans*		*mannes*	*monnes*	*mannes*	*mannes*
	mans (o)					
	mannans (n)		*monan* (n)			
dat.	*mann*		*men*	*mon*	*man*	*man*
	manni (o)				*manna* (o)	*manne* (o)
			monan (n)		*mannin* (n)	
acc.	*mannan* (n)		*monan* (n)			*mannan*
		man,-ðr (cons.)	*mon* (cons.)	*mon* (c.)	*man* (c.)	*man* (cons.)

Pluralis.

	got.	an.	ags.	afr.	as.	ahd.
nom.	mans(cs.)	menn,-ðr (cons.)	menn (c.)	mon, men (cons.)	mann(c.)	mann(cons.)
	mannans (n)		monan (n)			manna (o)
gen.	mannê	manno,-a	monna	monna	manno	manno
			monnena (n)			mannen (n) (mhd.)
dat.		mǫnnum	monnum	monnum	mannum	mannum
	mannam (n)					
acc.	mans(cs.)	menn,-ðr (cons.)	menn (c.)	mon, men (cons.)	mann(c.)	mann(cons.)
	mannans (n)		monan (n)			

Druck von Ehrhardt Karras in Halle a. S.